钱学森智库——著

微笑拥抱新的世界

钱学森与一个时代的故事

五洲传播出版社 科学出版社

图书在版编目（CIP）数据

微笑拥抱新的世界：钱学森与一个时代的故事 / 钱学森智库著 .
-- 北京：五洲传播出版社：科学出版社，2021.6
ISBN 978-7-5085-4682-7

Ⅰ . ①微… Ⅱ . ①钱… Ⅲ . ①钱学森（1911-2009）
—生平事迹 Ⅳ . ① K826.16

中国版本图书馆 CIP 数据核字 (2021) 第 093362 号

微笑拥抱新的世界：钱学森与一个时代的故事

著　　者：钱学森智库
图片提供：钱学森智库
出 版 人：荆孝敏
特约编辑：丁启阵
责任编辑：张美景
助理编辑：乔　禹
封面设计：李　璐
装帧设计：杨　平
出版发行：五洲传播出版社
地　　址：北京市海淀区北三环中路 31 号生产力大楼 B 座 7 层
邮政编码：100088
电　　话：010-82005927
网　　址：http://www.cicc.org.cn
http://www.thatsbooks.com
印　　刷：中煤（北京）印务有限公司
开　　本：787 mm × 1092 mm 1/16
字　　数：130 千字
印　　张：14
版　　次：2021 年 7 月第 1 版第 1 次印刷
定　　价：58.00 元

谨以此书

纪念钱学森诞辰110周年

编写与顾问委员会

主任：薛惠锋　董　青

顾问：雷榕生　钱永刚　于景元　雷　刚　林　鹏

成员：（按姓氏拼音顺序排列）

段　琼　高玉峰　关　宏　荆孝敏　李继红

李琳斐　李姗姗　邱红艳　曲麒富　上官子健

苏　谦　王　登　王　峰　王海宁　杨　景

姚　雯　张　凯　赵　滨　周令君

出版说明

科学是历史有力的杠杆，是最高意义的革命力量。科技事业在党和人民事业中始终具有十分重要的战略地位，发挥了十分重要的战略作用；广大科技工作者肩负着时代赋予的重任，起到了十分重要的中流砥柱作用。特别是以钱学森、袁隆平等为代表的中国院士，胸怀报国为民的理想追求，发扬不懈创新的科学精神，秉持淡薄名利的品德风范，以高度的责任感和使命感，为我国科技教育事业和经济社会发展潜心钻研、默默耕耘、呕心沥血， 给社会带来新风气、新活力和新思想。他们在祖国大地上树立起一座座科技创新的丰碑，铸就了独特的精神气质，是我们新时代“伟大精神”的代表人物，也是国际社会充分认可、广泛学习的榜样。

“一个故事胜过一打道理”。两院院士是我国科学技术方面和工程科技领域的最高荣誉称号，是国家的财富、人民的骄傲、民族的光荣。希望通过讲好“院士与中国”的故事，大力弘扬科学家精神，促进普及科学知识，提升全民科学素养，加快推进世界科技强国建设。科学不分国界。也希望以此更加充分、更加鲜明地展现中国故事及其背后的思想力量和精神力量，更加生动、更加有力地说明中国发展本身就是对世界的最大贡献、为解决人类问题贡献了智慧，让中国院士、中国科技、中华文化更好地促进民心相通、造福各国人民，为推动构建人类命运共同体作出更大贡献。

2021 年 6 月

序

1955 年 9 月 17 日，父亲、母亲、我和妹妹一起登上了回国的“克利夫兰总统号”邮轮。那时我才 7 岁，还不可能理解“回国”的意义，只知道父亲走到哪里，我就跟到哪里，父亲带我去的地方一定很好、很美。

我们在船上的舱室是三等舱，很小。送别的人赠的花篮在舱室里都摆不下，只能摆到船舱的过道上。可是没有多久我们就走进了一个很大、很漂亮的舱房，这是头等舱。我以为是父亲买了头等舱的票。后来才知道，原来，轮船公司秉承美国当局的意愿，以“头等舱的票已经售完”为理由，想阻止父亲回国。但父亲在困难和障碍面前从来不会回头，他毅然决然地带着我们踏上万里归途。同船一位有侠义之心的美国女权运动领袖，得知我们全家挤在狭小的三等舱后出面和船长交涉。她愤然说：“你们就让这样一位世界著名的科学家住在三等舱吗？”我们才住进了头等舱。

归国的航程遥远、漫长，但我们并不寂寞。我和妹妹在船上玩、看海景。父亲常常和各种各样的人交谈，其中有男有女，有披着金发的外国人，也有满头青丝的华人。直到25年后我才知道，他们中有数学家许国志和他的夫人蒋丽金。许国志后来为中国开展系统科学的研究作出了巨大贡献；蒋丽金在感光化学领域取得了重要成果。他们成了一对院士夫妻。而父亲在船上与他们邂逅和交谈，对他们回国后的科研方向起了至关重要的作用。

我们的船经停菲律宾的马尼拉时，我看到有侨胞特意到码头上来看望父亲，可我不知道他们都谈了些什么。2005年，父亲收到了一封信，寄信的是位名叫林孙美玉的老侨胞。她在信中满怀深情地回忆了那次在马尼拉和父亲的谈话：

林孙美玉问父亲："您为什么想回到中国？"父亲回答："我想为仍然困苦贫穷的中国人民服务，我想帮助在战争中被破坏的祖国重建，我相信我能帮助我的祖国。"当父亲得知林孙美玉是一位高中教师时诚挚地说："非常好，中小学的老师非常重要，因为这是一个社会发展的基础。青年是社会的未来，他们必须受到好的教育，以培养他们的潜能和创造力。”父亲还说，“基础非常重要，培养年轻人是一个国家进步的基础。不要瞧不起你的工作，你是在塑造年轻人的灵魂。”林孙美玉回应道：“您真是给我上了美妙的一课！听了您的话，我感到前所未有的幸福。这样谦逊、这样理解人的话语，在当今物质世界里真是再也难以听到的。”“现在回忆这件发生在50年前的事，我仍然感到意义深远。”

我们来到北京后，先在北京饭店暂住了一段时间，不久就落户到了中关村14号楼。那时我对祖国的一切都很新奇。我们住在中国科学院最好的房子里，有五间房子，还有卫生间和厨房，可是做饭既不用煤气，也不用电炉，而是烧煤，但父亲和妈妈都很愉快，因为这里毕竟是自己的国土、自己的家。

记得回国之初，吃早饭时，桌上摆着冒着热气的牛奶，大人叫我们喝，我们不敢，因为在美国喝的牛奶是凉的，不加热的，桌上的牛奶在我眼中不是“真”牛奶。我跟妹妹交流着，被懂英文的朱兆祥叔叔听到，引起大人们一阵大笑。

我刚从美国回来时，基本上只会讲英语，和同学、老师交流很困难，更不要说听课、学习了，因而很需要父亲帮我走过这段艰难的路程。可这时的父亲却非常忙，他正为组建中国科学院力学研究所奔波。在他领导下，力学所发展之快，超出很多人的预料。他还参加了《1956—1967年科学技术发展远景规划》（简称“十二年科技规划”）的制订。他给科学家们讲电子计算机、讲受控热核反应，这些在当时的中国还很少有人了解。

那时，他为了工作，经常废寝忘食，还要出差。到哪里去，去多长时间，家里人都不知道。有时几个月都找不到人。回家时，又常常穿着厚厚的大皮袄、大皮靴，活像我在画册中看到的因纽特人。那时，我只知道，他是一个研究飞行器的科学家，具体在做什么，别说是我，就连妈妈也不清楚。周恩来总理的夫人邓颖超有时也把我父亲和钱三强的工作弄混，父亲解释后，她哈哈大笑说：“都怪恩来，从来不告诉我你们具体是干什么的，我才会弄混……”

直到20多年之后我才知道，父亲那时是为了研制导弹和卫星，奔走于北国大漠、西域荒原。那时候中国的财力、物力非常匮乏，许多试验必须做到一次成功，因而方方面面都要考虑得很周到、很细致。为什么后人如此敬重“两弹一星”的功臣？就是因为当时的环境和条件远远不能和现在比，“两弹一星”研制成功，完全是凭着他们的智慧、勇气和奉献“拼”出来的。

父亲的工作这样繁重，自然也就无暇关心我的学习和生活。但他对我潜移默化的影响是多方面的。众所周知，父亲是一个多才多艺、眼界非常宽、看得非常远的人。他曾经多次提出，科技创新人才要具备两个能力：一是形象思维能力，二是逻辑思维能力，这两种能力都需要后天的培养、教育。他自己就是这么走过来的，父亲上中学时，爷爷让他学理科，但在寒暑假也会让他学画画、学乐器、学书法。因此，父亲青少年时期在形象思维方面所受到的训练要远远多于其他人。当父亲把自己的这段家教故事告诉冯·卡门教授时，他赞叹地说：“你的爸爸了不起！”

除了形象思维能力，当然还有逻辑思维能力的培养，而能让这两种思维方式同时得到训练的，是书。读书，是我们家的“家风”，我从这个家庭里受到的最大影响是对书的热爱。父亲是一个非常爱读书的人，他读书的范围非常广。早在高中一年级，他就读了介绍相对论的书。在上海交通大学读书时，他读过俄国马克思主义早期传播者普列汉诺夫的《艺术论》。父亲和母亲很重视培养我的读书兴趣。回国的时候，尽管行李很多，父母还是给我和妹妹带了不少精美的图书，尤其是科普读物。在父亲的影响和这种家风的熏陶下，我也养成了爱读书的习惯。只要有喜欢的书，都买回来读，毫无功利目的。这对我的成长起了很大的作用。

由于父亲无形的影响、我自身的努力，再加上同学和老师的帮助，我很快就适应了国内的学习和生活。父亲晚年时，有一次和我聊天，他很感慨地说：“你小的时候我工作特别忙，就顾不上你了。如果我们一个星期就做一道题，不论数学、物理、化学的，相信到你高中毕业时，你想上哪所大学就一定能考上哪所大学！”可惜，时光不会倒流，就算是能够倒流，他仍然会那样忙，也不会有时间和我一起做题。他的这番话，只能说明他从内心深处是关心我的，只是因为忙，实在无法顾及我。

我没有利用父亲的“荫庇”为自己谋过什么好处，他也不允许我这样做。不过，我有一次非常意外地受到了他老人家的“荫庇”。1986年，我“自费公派”，到美国加州理工学院攻读硕士学位。这一年，我38岁，而父亲在这个年纪已经是这所学校的教授兼喷气推进中心主任了。这所学校会不会招收我这样的“大龄青年”呢？他们又会用什么样的题目来考我呢？当时我心里真的没有把握。可是没有料到，他们根本就没有让我考试就批准我入学了。据说30多年前，父亲从美国的拘留所中出来，加州理工学院的校长安慰我父亲说，“不要消沉，工作吧。不为政府，为孩子。孩子将来上加州理工学院免试。”1955年我们回国时，校长又对父亲说：“我说过的那句话还是算数的。”这很可能就是我免试的原因。

随着时间的流淌，能研制出卫星、火箭的父亲也不可避免地年华老去，2009年10月31日，父亲永远离开了我们。但我总感到，他过去是一棵大树、一座山，现在又如一颗恒星，有一种永存的无形的“引力”，这就是他的学识、他的风范、他的思想、他的精神。

当得知钱学森智库为了纪念钱学森诞辰110周年而编写了这部《微笑拥抱新的世界》，我深为感动，也再次沉浸到对父亲的无限回忆。这本书名为《微笑拥抱新的世界》，虽然父亲工作时不苟言笑，但我觉得并不矛盾。我的儿子曾称赞我的父亲很伟大，而父亲却笑笑说：“21世纪的爷爷将更伟大！”这是因为他的人生经历使然：在美国时就成为一名科学家，回到祖国成为指导国防建设的工程大师，晚年重回学术研究，架起系统科学桥梁，成为思想大家。

钱学森曾说:“我没有时间考虑过去，我只考虑未来。”他用人生历程为我们架起一座通向大成智慧的桥梁；用一生所得为我们构建起一座通向大同世界的桥梁。高深的哲学原理是经过无数级循环提升才显现出来的，那是哲学家的事。而对于大部分平民百姓来说，我们想不了那么多，也想不了那么远。改变我们对地球的认识，像钱学森说的那样脱离地球摇篮站在太空重新认识它，以解决开放复杂巨系统问题的方法为引领，以新的智慧带动全世界实现大同。这将是人类历史上史无前例的文明进步。

钱永刚

2021 年 4 月 19 日

目录

第一章

呐喊征服宇宙的男孩

人有梦想，才会了不起。

“这使你，在一个清朗的夏夜，望着繁密的，闪闪的群星感一种‘可望而不可接’的失望吧！我们真是如此可怜吗？不，决不，我们必须征服宇宙！”

年轻时代写下这样一番豪言壮语的钱学森，日后果然成就了一番惊天动地的事业。

钱学森从美国学成归来，为祖国航天事业作出巨大贡献的事迹，已经广为人知。从一个善于折纸飞机的男孩到“中国航天之父”，他的求学、成长之路充满传奇色彩。自然，也充满了坎坷与艰辛。

第一节

“化学系”绰号的来历

生逢乱世的钱均夫，胸怀民主救国的理想。从日本留学回国后，他便定居上海，投身革命事业。16岁便嫁给钱均夫的章兰娟也随之到了上海，夫唱妇随，琴瑟和鸣。1911年的12月11日，他们诞下一子。时任浙江省第一中学校长的钱均夫非常高兴，给儿子取名钱学森。“学”是辈分，钱家依“继承家学，永守箴规”八字论辈取名，钱学森属“学”字辈。名取“森”字，大概有繁茂之意，最初曾用“林”字。“学森”的谐音是“学深”，有寄望他长成之后学问深远的意思。

出生于上海、祖籍浙江临安的钱学森，其家族可以追溯到“吴越王”钱镠——就是那个给回娘家暂住的妻子写信表达思念之情，其中有“陌上花开，可缓缓归矣”名句的多情王爷，这位吴越国的创建者，是一位颇具传奇色彩的人物。他出身贫寒，出生时因相貌奇丑差点儿被他父亲以为不祥丢弃在屋后井中，因为祖母怜惜，才勉强保住性命，因此被取了个“婆留”的乳名。钱镠自幼喜爱习武，擅长射箭、舞槊。后来趁势而起，乱世从军，屡建奇功，成为一方诸侯，先后被唐朝、后梁、后唐等中原王朝封为越王、吴王、吴越王、吴越国王。由于他审

钱均夫与儿子钱学森（满周岁时）在上海的合影

时度势，虽然辖地不广，但颇能保境安民，居王位前后历41年之久。钱镠非常好学，晚年越发感到读书的重要性，在家族中树立了读书的榜样。在他的影响下，家族学风极盛。他非常看重对后代的教育，鼓励子孙刻苦读书。钱镠在读了许多经藏、典籍后，结合自己一生的丰富阅历，总结出许多经典格言，作为无形遗产留给后人。这些遗训经过钱氏几代后人整理，成为传世瑰宝——《钱氏家训》。

《钱氏家训》分为三个部分：第一部分是武肃王（钱镠的谥号）八训，第二部分是武肃王遗训，第三部分是钱氏家训。钱氏家训又分为"个人""家庭""社会""国家"四部分。《钱氏家训》在"个人"这一部分中写道："读经传则根底深，看史鉴则议论伟。能文章则称述多，蓄道德则福报厚。"用现在的话说就是：多读儒家经典著作能为人的一生打下深厚的根底，多看历史书籍议事说理时境界就高，善于写文章的人得到的称赞介绍就多，道德修养好的人有丰厚的福祉回报。所以钱家祖上十分看重读书，形成了良好的读书家风。每当钱氏家族有新生儿诞生，全家人就要一起恭读《钱氏家训》。到了孩童懂事的时候，则由家长经常讲解家训的内容，随着孩子的成长，讲解的内容由浅入深，直到长大成人，再由他们传授给自己的孩子。由于《钱氏家训》对其家族后人的严格要求，钱氏子子孙孙都很重视读书学习、修身养性。

从钱学森懂事开始，父亲钱均夫就把祖先传下来的《钱氏家训》中儿童难以理解的、用文言书写的训词变成生动有趣的

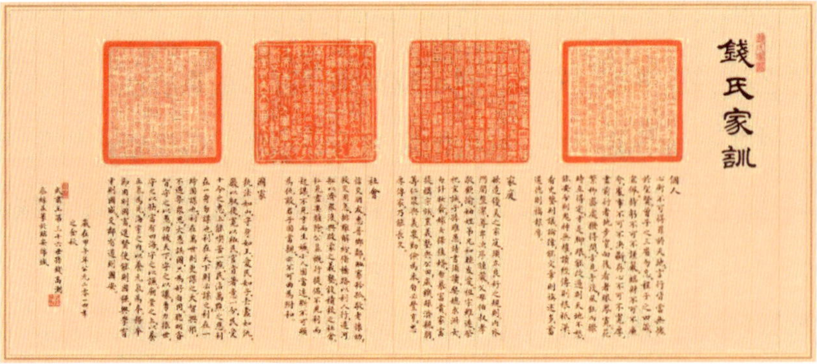

《钱氏家训》（资料图）

话语，或讲故事，或谆谆教诲，把家训中的要求变成幼年钱学森的行为准则。钱均夫晚年感慨:“我们钱氏家族代代克勤克俭，对子孙要求极严，或许是受先祖《钱氏家训》的影响吧！”

论起来，钱学森是钱镠的第 33 代孙。如此久远的关系，当然不必太当真。但作为江南望族，钱氏的确是学有渊源、行有规矩的家族，这对钱学森的治学、处世不可能不产生一定的影响。

自然，对钱学森产生直接、重要影响的，莫过于他的父亲钱均夫了。钱均夫大学时期读的是教育理论专业，且拥有 20 多年教育救国的践行经历，先后执教过大学、中学，又有教育行政机关的任职经历。他深刻地认识到要培养“完善的人”，学校教育之外的家庭教育不可或缺，家庭教育不只是学校教育的补充，而是整个教育体系的重要组成部分。

钱学森晚年回忆父亲时，感慨地说:“我父亲钱均夫很懂得现代教育，他一方面让我学理工，走技术强国路；另一方面又送我去学音乐、绘画这些艺术课。我从小不仅对科学感兴趣，也对艺术有兴趣，读过许多艺术理论方面的书，像普列汉诺夫的《艺术论》，我在上海交通大学念书时就读过了。这些艺术上的修养不仅加深了我对艺术作品中那些诗情画意和人生哲理的深刻理解，也学会了艺术上大跨度的宏观形象思维。”

钱均夫结交了不少文化学者，他利用这种人脉资源，请他们为钱学森“补课”。1917 年钱学森 6 岁即将进入小学时，就被父亲领到好友孙厪才家中拜师，向他“学艺”。孙厪才是晚清进士，不仅在民国书法界享有盛誉，是西泠印社社员，而且具有相当扎实的国学功底。钱学森后来回忆拜师当天的情形说：“厪才师提笔写一短句，此为我习字的始点。”孙厪才不仅传授书法技艺，同时还讲解书法流派及其背后的国学知识。所以，钱学森一直将孙厪才视为“启蒙老师”——正是这位启蒙老师，后来还为钱学森和蒋英书写了结婚鸳鸯谱。

书画同源，钱均夫发现钱学森练习书法时对绘画产生了兴趣，于是又请好友高希舜（教育家、画家，曾先后创办京华美术学院、南京美术专科学校，1949 年后任职于中央美术学院及中国艺术研究院美术所）担任钱学森的美术老师。钱学森心灵手巧，很快便掌握了绘画的基本技巧，开心地对父母说：“在观察景物，运笔作画时，那景物都融在我的心里。那时，什么事情都被忘掉了，心里干净极了。”钱家搬到杭州后，钱均夫还特地将钱学森的几幅绘画作品装裱挂在家中，向亲友展示。

钱学森秘书涂元季有几句说到钱均夫的话值得引述："钱均夫是一位很有才华的人，但他的才华没有全部施展出来。如果要论钱均夫的贡献，他最大的贡献就是为中国培养出了钱学森。"子不教，父之过，子有成，父教之。

有意思的是，钱均夫在钱学森小学和中学时代都曾为他请过家庭教师，尤其是高考前还请过两位大学生为钱学森补课冲刺：一位是正在北京大学读书的赵酒抟，负责辅导钱学森中文和英文；一位是正在北京女子高等师范学校读书的骆雯，负责辅导数学、物理和化学。当时赵酒抟因经济出现困难，面临辍学，钱均夫请他们两人一同到家里给钱学森辅导功课，同时还能解决赵酒抟的经济困难，一举两得。

钱均夫自己读书时有良好的习惯，还总结出了一套行之有效的"三步读书法"，后来就将这套方法传给儿子。每到暑期，钱均夫都会开列阅读书目，并且还同钱学森一起阅读。每次阅读分三步：第一步初读，浏览书籍基本内容；第二步精读，将感兴趣的书籍从头至尾地读；第三步重点地读，即将书籍中的重要内容反复阅读并做读书笔记，读书笔记必须交给父亲审阅。这种读书方法是父子两人切磋学问的途径，父亲通过审阅读书笔记可以知晓钱学森对书本知识的理解程度，了解其所思所想。

这种读书法，对扩大钱学森的知识面有相当大的作用，使他可以接触更多学校里无法学到的知识，而且还能够培养钱学森的求知欲。鲜为人知的是，这种切磋学问的方法对钱学森走上航空航天道路还发挥过重要的"激发"作用。

钱均夫有阅读报刊的习惯，尤其关注世界科学技术的发展动态。经过长年累月的积累，钱均夫具备了非常丰富的航空知识，在一次演讲中做了《御侮声中应具备之航空知识》的专题讲座。他从航空事业、空军组织、航空势力和航空经营四个方面，对国际国内的航空事业形势做了分析。当时日寇气焰嚣张，凭借空中优势，侵占上海、轰炸杭州。钱均夫的演讲使听众如醍醐灌顶，深以为然。讲座最后，钱均夫认为，德国和日本已经从学前、小学时代开始培养"航空事业之兴趣"，然而中国"非特事事落后，即临渴而欲掘井"，因此呼吁大力培养航空人才。

钱均夫准备讲座前，同钱学森有过深入交谈，探讨世界各国航空事业现状和中国发展航空事业的前景。此后，钱学森在1933年至1935年陆续发表六篇有关航空航天方面的文章，并且钱学森在文章中使用的例子、数据和观点，与钱均夫在讲座中的举例有相同或相似之处。这一历史细节透露出父子之间相互切磋学问的情形，这极有可能是促使钱学森转向航空航天研究的思想源头。钱学森日后考取清华大学留美公费生"航空门"，最后还实现了父亲的航空强国梦。这个梦，是他们父子俩共同编织起来的。

钱学森的"四大弟子"（石磊、王春河、陈中青、张宏显）在一篇怀念文章中披露，他们的老师钱学森签名的字迹比较潦草，"钱"字写得像"化"字，"学"字还能对应得上，"森"字却像"系"。有时候给四人小组写字条，或批示文件，他们一看，会心地笑了："这不是化学系嘛。"所以平常四个人都管他叫"化学系”，后来这个名字传到聂荣臻元帅那里，聂帅向周恩来总理汇报此事，觉得这样称呼还可以有保密的功能，于是这个名字就在内部流传开了。如果他们平常在街上说到钱学森，不能说自己跟钱学森在一起工作和生活，只能互相递个眼色，说“化学系”如何如何。

对这个绰号，钱学森本人是欣然接受的。因为，这跟他的学术研究有点关系。1950 年，他在美国火箭协会的杂志上发表了一篇题为《物理力学——一门新的工程科学》的文章。文章开篇第一句便是：“物质是由原子分子组成的，所以要解决现代工程科学的问题，必须要从原子和分子着手。”钱学森认识到，现代的很多工程问题，不能只用简单、传统的办法，而必须要从原子、分子的原理去了解，从化学的角度去认识物质的性质是怎么变化的，然后再来研究这件事。他创立了物理力学，并从工程科学的角度出发，认识到原子和分子的一些基础科学的重要性，然后在中国建立了这样一门学科。后来，他还和郭永怀一起创办了中国科技大学的化学物理系。

钱学森上小学的时候，父亲钱均夫并没有像一般人那样，送他去读私塾，而是选择了当时北京最现代化的小学。1917 年至 1923 年，钱学森先后就读于国立北京女子高等师范学校附属小学校和国立北京高等师范学校附属小学校。这两所小学的教学方法都颇具现代风范，不提倡死读书、读死书。因此，钱学森的小学生活，课间活动丰富多彩，折纸飞机是他的拿手好戏。用一张平滑且比较硬的小纸叠成，模样像一个纸制的小

钱学森（时年 10 周岁）小学就读于国立北京高等师范学校附属小学校

飞机，头部尖尖的，两边各有一个向后平掠的翅膀，所以也叫纸飞镖。叠起来虽然简单，但是不同人叠的纸飞镖，飞行姿态和飞行距离却大不相同。几个男孩子不服气钱学森的纸飞机总是比他们的飞得远、飞得好，经常找他比赛：一个人用鞋的前掌边在空地上画出一条直线来，算是投掷纸飞机的起投线，纸飞机出手时，双脚不得超过这条直线。每次的情况都类似，大家一起把手中的纸飞镖高高举起后使劲地掷向天空。有的能飞到对面教学楼二楼，有的却在头上盘旋一圈后回到原点，还有的只能向前飞几米就一头栽下。钱学森的纸飞镖总是飞得最远、最高、姿态最好看。有一阵子，每逢下课，同学们都进行这种纸飞镖比赛，钱学森总是稳坐第一把交椅。那些不服气的同学，渐渐地也就服气了，纷纷要求钱学森公布折叠纸飞机的诀窍。

钱学森纸飞机叠得好，绝不是简单的手巧，而是由于他肯动脑子。在一次自然课上，钱学森透露了折叠纸飞机的窍门："……叠的时候注意了几个问题。比如说，我用的纸比较光滑，既不能太轻、太薄，又不能太重。太轻投不起来，太重会飞不动。飞镖前头要叠得小一些，翅膀叠得不能太大，太大会兜圈子；也不能太小，太小了会飞不稳。翅膀的宽度不能太宽，那样会飞不远。这些都是我在飞镖的一次次飞行过程中逐步改进的，也就是这些吧。"自然课老师也不简单，听完钱学森的解释，马上做了恰当的点评："大家明白了吗？钱学森同学善于动脑筋又勤于动手改进，他说得非常好。他刚才说的，实际上是告诉了大家飞镖飞行的基本规律，如何保持平衡又减少阻力。飞镖是在空中飞行的，要借助空气的浮力，这些都是物理学的基本知识，大家想一想，是不是啊？"

多年之后，钱学森在航空航天领域取得了重大成就，当年的老同学们回忆起少年时光，很自然地联想起折纸飞机的往事，都说钱学森从小就颇具航空航天的才能。看似简简单单的一件事，钱学森从小就表现出了一般孩子所没有的思考与探索精神。就是这一点点精神，日后经过专业的学习与深造，成倍放大、不断升华，终于成就了钱学森一番大学问。少年时代的某种爱好与特长，与日后所从事的事业往往有着某种联系。这个现象，在现实生活中也屡见不鲜，这应该就是老话“三岁看老”的道理所在吧。

第二节

幸运遇伯乐，中选“航空门”

1929 年，钱学森以优异的成绩，考上了上海交通大学机械工程专业。钱学森主修的是机械工程专业，但他的心里悄悄埋下的却是升空飞天的梦想。

1933 年，外籍教授威斯曼在上海交通大学开设了“航空工程”课。有“航空救国”志向的钱学森，选修了这门课，而且成绩优异：第一学期考了 89 分，第二学期考了 91 分，学年平均分 90 分，是 14 名选修这门课程的同学中的第一名。

1933 年起，清华大学面向全国公开选拔留美公费生，至 1944 年的 11 年间先后招收六届，共计 132 名，史称“国立清华大学留美公费生”，也叫“庚款留学生”。“庚款”，即庚子赔款，指的是 1900 年“庚子事变”中义和团入京围攻各国大使馆，八国联军攻占北京后，李鸿章被迫代表清政府与各国签订屈辱的《辛丑条约》，同意向十一个国家赔偿白银四亿五千万两，分三十九年付清。所谓庚款留学生，是指美、英、法、荷、比等国相继与中国订立协定，退还超过实际损失的赔款，退还款项除了偿付债务外，其余悉数用于教育。具体使用方法是，中国可以每年向上述国家输送相应数量的留学生。其中赴美留学

1929 年，钱学森考入上海交通大学，图为他与家人在杭州方谷园的合影（左起：钱学森、父亲钱均夫、母亲章兰娟、奶奶、女佣）

的人数较多，日后回归祖国、做出重要贡献的人也比较多。钱学森就是他们中杰出的一员。

钱学森大学即将毕业的时候，其实还有一种公费留学渠道可供选择：去意大利。因为去意大利留学有个必须参加国民党空军的前提条件，钱学森未加考虑。

当年，留美公费生选拔考试是清华大学的年度大事。1934 年 5 月 12 日，学校开会磋商考试的办法、纲要等，组织考试委员会具体负责落实。校长梅贻琦担任委员会委员长，张子高、叶企孙、顾毓琇、周鲠生、周炳琳、秉志和张可治等清华大学教授担任委员。教育部特派一名官员担任委员，以示重视。不久之后，考试委员会对外公布考试章程。

1934 年清华大学留美公费生初定选拔名额为 25 名，共 21 门学科：历史（注重美国史）1 名，考古学 1 名，油类工业 1 名，造纸工业 1 名，陶瓷工艺 1 名，理论流体学 1 名，高空气象学 1 名，海产动物学 1 名，应用植物生理学 1 名，农学（注重选种）1 名，农村合作 1 名，人口问题 1 名，国势清查统计 1 名，劳工问题 1 名，成本会计 1 名，国际私法 1 名，地方行政 1 名，水利及水电 2 名，航空（原动机及机架）2 名，机械制造 2 名，电机制造 2 名。清华大学选拔公费生有明确的目标，所选拔科目为“国内不能研究深入”或“现有人才不足分配”；通过选拔人才赴美留学以改善国内相关领域人才紧缺的状况。可见，清华大学留美公费生考试有着为国选才的宏大目标。

清华大学对参加留美公费生考试的资格有相应的规定：1. 国内公立或经教育部立案之私立专科以上学校毕业，曾继续研究所习学科二年以上而有有价值之专门著作，或其他成绩者。2. 国内公立或经教育部立案之私人专科以上学校毕业，并曾任与所习学科有关之技术职务二年以上者。3. 国内公立或经教育部立案之私立大学或独立学院毕业而成绩优良者。根据规定，北方考生前往清华大学报名，南方考生前往位于南京的国立中央大学报名。

1934 年 8 月，钱学森到清华大学设在南京的国立中央大学“庚款留学”考场参加考试。最后实际上总共招收了 20 名庚款留学生，比原计划少招收了 5 名；航空门只招了 1 名，比原计划少招了 1 名。

清华大学留美公费生考试，考三门科目，共计 100 分：“党义”占 10%、普通科目（国文为 8%、英文为 8%、德文或法文为 4%）占 20%、专门科目占 70%。每科考试时间均为 3 小时，若英文出题则必以英文答题。现在无法得知钱学森的普通科目语言选考的是德文还是法文，因为钱学森高中时选修过德文，大学时代又选修过法文。钱学森参加的航空工程机架组的考试为五门专门科目，分别为：微积分及微分方程、应用力学及材

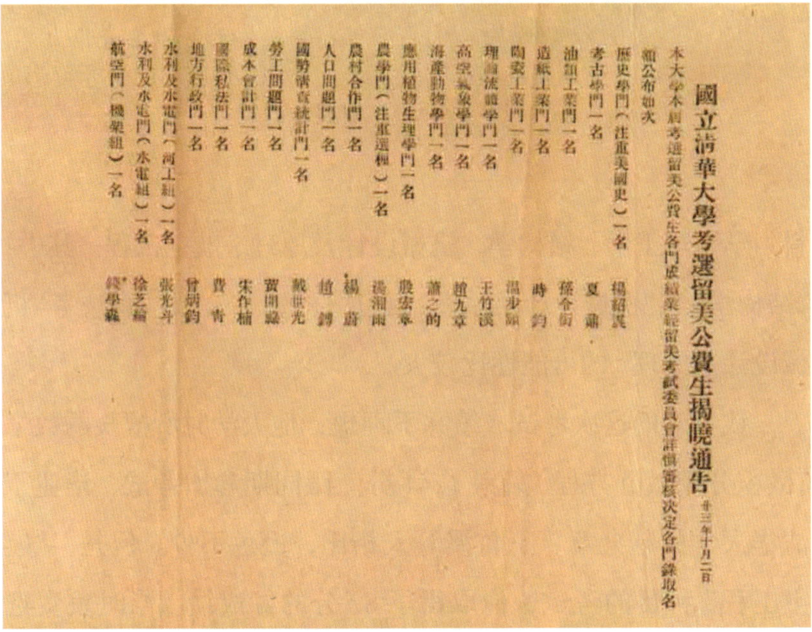
國立清華大學考選留美公費生揭曉通告 廿三年十月二日

本大學本屆考選留美公費生各門成績業經留美考試委員會詳慎審核決定各門錄取名額公布如次

歷史學門（注重美國史）一名 楊紹震
考古學門一名 夏鼐
油類工業門一名 孫令銜
造紙工業門一名 時鈞
陶瓷工業門一名 溫步頤
理論流體學門一名 王竹溪
高空氣象學門一名 趙九章
海產動物學門一名 蕭之的
應用植物生理學門一名 殷宏章
農學門（注重選種）一名 湯湘雨
農村合作門一名 楊蔚
人口問題門一名 趙鏘
國勢清查統計門一名 戴世光
勞工問題門一名 賈開瀛
成本會計門一名 宋作楠
國際私法門一名 費青
地方行政門一名 曾炳鈞
水利及水電門（河工組）一名 張光斗
水利及水電門（水電組）一名 徐芝綸
航空門（機架組）一名 錢學森

《国立清华大学考选留美公费生揭晓通告》

叶企孙在清华大学住所北院7号留影

料力学、热工学、结构学、机械设计及原理、航空工程。其中，“结构学”与“机械设计及原理”两门，任选其一，钱学森选考“机械设计及原理”的可能性比较大。

钱学森的这次考试成绩并不理想，他大学时所擅长的数学（微积分及微分方程）只考了41分。跟同期参加考试、毕业于清华大学的赵九章、王竹溪等人相比，逊色不少。但是，“航空工程”科目的考试，他取得了87分的好成绩。当时负责选派留学生的清华大学教授叶企孙，爱惜人才，通过查阅档案，得知钱学森从大学三年级起，就陆续发表过有关飞机、飞艇的文章，表现出了在航空研究方面的浓厚兴趣和培养潜质，因此破格予以录取。不过，当年实际参加航空门考试的共有 6 人（或许是巧合，清华毕业的学生一个也没有），这组考生考试的平均分都在 60 分以下，钱学森名列第一。从这一点上说，钱学森被录取，也并不完全是叶企孙爱才照拂的结果。

钱学森是航空门报考者中唯一得到公费留学美国机会的幸运者。随后，根据《国立清华大学留美公费生管理规程》第三条规定："公费生录取后，于必要时须依照本大学之规定，留国半年至一年作研究调查或实习工作，以求获得充分准备，并明了国家之需要，其工作成绩经指导员审查认可后，资送出国。"

钱学森在清华大学的安排下，先后到杭州、南昌、南京、上海等地的飞机场、飞机工厂等单位进行了为期半年左右的实习，为留学美国的学习、研究做准备，打基础。

1935 年《浙江青年》第一卷第九期发表了钱学森撰写的一篇文章，题为《火箭》。这是迄今为止我们所知钱学森发表的关于航天科技的第一篇文章。文章中，钱学森介绍了火箭飞行的原理、燃料、结构，并且断言："研究像烟花一样的'小玩意'，就是征服空间、征服宇宙的开端。"火箭为什么能在空气稀薄甚至没有空气的真空里飞行？钱学森从儿时玩过的烟花说明作用力和反作用力的原理——牛顿第三定律——出发，用通俗的语言讲解火箭上升的道理；他讨论了火箭应该使用何种推进剂，

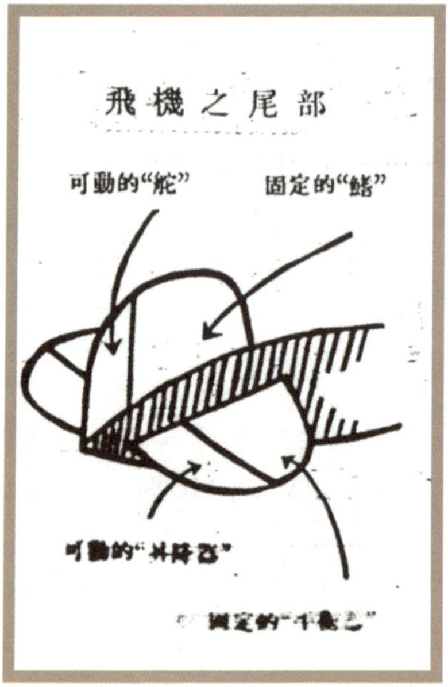

钱学森手绘的“飞机之尾部”图

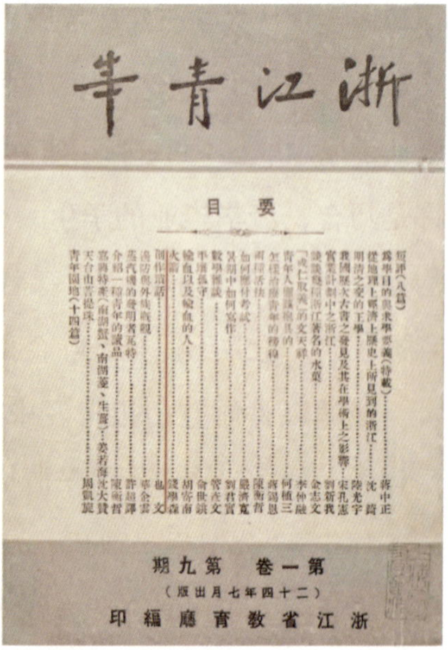

1935 年，钱学森在杭州的《浙江青年》杂志上发表了题为《火箭》的文章

从几十种混合物中一步步分析、层层筛选，认为只有“液氧+液氢”和“液氧+汽油”最为适合；他通过计算，设想出一种能飞往其他星球的三级大火箭。当然，他也实事求是地指出，实现这一设想，困难还很大，必须从简单到复杂慢慢做起来，可以先把火箭用作飞机的动力，并且设想了实现最终目的的步骤。他写道：“当我们把烟花上的药线点着的时候，不久也把纸筒里的火药引着了。火药烧起来，产生很多气体。这些气体绝非那小小的厚纸筒所能容纳，就向筒下方的小孔喷出来，也就是我们所看到的一道火花。火箭把这些气体向下面推出去，同时

这些气体把火箭推上去，所以你一放手，火箭就会升上去了。”

文中他介绍了火箭可以选用的燃料，包括固体燃料如黑色火药、硝酸棉，气体、液体燃料如沼气、石油、酒精、氢、液氧等。要知道，直到20世纪五六十年代，国际航天界才真正开始把液氢和液氧用作火箭、导弹燃料的研究、应用，而在20世纪30年代，钱学森已经研究了液氢和液氧的沸点、储存器具、燃烧温度以及燃烧后产生的能量，这不能不使我们惊叹于钱学森青年时期就拥有了如此深厚的理论功底和远见卓识。

文章的结尾，是这样写的：“全世界热心于火箭的工程家和科学家都动员起来了，我们要像他们一样，迈开坚实的步伐，努力地、忍耐地、一步一步地走向征服宇宙的路。”

第三节

100 分的答卷

1935 年 8 月，钱学森怀揣飞天的梦想，跟同期考上“庚款留学”的同学们一起，在上海登上“杰克逊总统号”邮轮，横渡太平洋，抵达彼岸的美国，进入创建于 1861 年的著名大学麻省理工学院学习。

1935 年 8 月，清华大学留美公费生在邮轮上的合影（从上至下第二排左二为钱学森）

初到美国，没等在学业上崭露头角，钱学森已经凭借他在生活、艺术方面的技能修养，给大家带去欢乐、增添美感，受到了同学们的欢迎。开始的时候，同期赴美的同学们都对他会做饭炒菜这件事感到惊讶。那个时代有条件、有机会留洋的，通常都是小姐、少爷，家里都有佣人、老妈子，过惯了衣来伸手、饭来张口的日子。他们不知道，赴美留学之前，母亲章兰娟特意教会了钱学森做饭的手艺。

不仅是做饭手艺好，钱学森在艺术方面也有浓厚的兴趣和相当的修养。跟那个时代的许多大科学家一样，钱学森因从小广受熏陶，兴趣多样，除了日后终身从事的科学研究外，还有国学、文艺方面的修养。有趣的灵魂，多才多艺。民国时期，中小学普遍重视艺术类课程，钱学森是这种“美育教育”风气的受益者，在艺术方面打下了一定的基础。进入大学读书后，他不仅勤于专业学习，还显露出他在音乐、设计和摄影等艺术领域的出色才华，改变了那种刻板和不苟言笑的工科生形象。钱学森一位当时就读于杭州国立艺术专科学校的表弟，经常带着他到杭州青年会听音乐。钱学森因此迷上了音乐，不仅开始读丰子恺的《音乐的听法》、张若谷的《到音乐会去》，而且还到图书馆找关于艺术音乐方面的书籍阅读。1932 年得到年度奖学金后，钱学森便到上海南京路购买了一些名曲唱片。很快，他又加入了大学管弦乐队，开始练习次中音号。为了吹好乐器，他不但和同学们每周二下午聚集在一起练习，风雨无阻，还会自己花钱买票去听管弦乐队的演奏。

上海交通大学学生铜管乐队合影（前排左一为钱学森）

钱学森还有一位20世纪二三十年代蜚声上海摄影界的表哥，他使钱学森对摄影大感兴趣。大学期间，钱学森经常去舅舅章乐山家中找表哥玩。钱学森在这位表哥的指导下开始学习摄影技术。他的学习能力特别强，不仅找来专业书籍阅读，还经常同表哥探讨和交流摄影技术。后来，钱均夫看到儿子如此喜欢摄影，便购买了一台双镜头相机送给他。钱学森有了这台照相机之后，摄影技术有了长足的进步。艺不压身，学有所用。“杰克逊总统号”航行太平洋的20多天里，钱学森俨然成了清华大学留美公费生们的免费“跟拍记者”，拍摄了大量的沿途风光和人物照片。抵达美国后，钱学森的摄影爱好一发不可收，留美20年间从未放弃过，在留学生圈中是一位知名度很高的摄影爱好者。留美期间，钱学森用奖学金买过一台 Weltini 相机，并且在读博士时还在租住的公寓里搭建了专门洗照片的暗房。一位当时跟他同住过的同学说，钱学森对摄影不仅“在艺术上和技术上都有追求，如在时间、距离、角度、取景等方面都有考究”，而且“在洗印技术方面也讲究软镜头、放大、拼接合成等技巧”。因此，中国留学生每次聚会时都由他负责摄影。旅美著名物理学家袁家骝和吴健雄结婚时也请他担任现场摄影师。

1947年钱学森结婚之后，理所当然地成了一位专职家庭摄影师，拍摄了大量的家庭生活照。并且，他还挑选出自己最

钱学森在麻省理工学院的自拍照

满意的照片制作成幻灯片，经常欣赏。妻子蒋英在钱学森的指导下，摄影技术也有很大的进步，经常为钱学森拍摄照片。这些照片不仅为了解钱学森留美时期的日常生活提供了直接图像资料，从中还能够看到当时留美中国学生群体的生活状态，包括他们的着装、居住、饮食、爱好和交友等。

文艺爱好对钱学森的科学研究产生了积极的影响。钱学森大学时期一份得 96 分的水力学试卷，卷面整洁美观，令人赏心悦目。不难想象，他的答题过程如行云流水，一气呵成。六页答题纸就像一幅幅艺术作品，充分体现出钱学森晚年提出的“技术美学”的特征。钱学森在交通大学期间，担任 1934 级级刊委员会美术部的干事，负责设计《交通大学二三级纪念刊》、级徽以及校友通讯录的封面。如果将钱学森早年科学手稿综合审阅，不难发现“技术美学”思想是贯穿他整个科学生涯的。1980 年 3 月 20 日，钱学森在接受《文汇报》记者采访时，曾以自身经历鼓励搞科学技术的人应该搞一点文艺，并且语重心长地说：“青年人不能太拘束，要有雄心壮志，客观世界总是可以认识的，总是可以改造的，我们不要畏难，我们一定能追上去！”那么，如何使青年人不太拘束、有雄心壮志？或许“技术美学”可以在“宏大思维”的训练方面发挥重要影响。这也是钱学森晚年利用历史唯物主义分析技术与艺术的发展历史，提出并倡导“技术美学”的原因。

麻省理工学院（Massachusetts Institute of Technology，简称MIT），位于美国马萨诸塞州的波士顿地区。这所创建于 1861

年的大学在第二次世界大战之后，由于受到美国国防部的重视，迅速崛起，成为蜚声世界的私立研究型大学。

令钱学森始料未及的是，麻省理工学院这所名闻遐迩的工科大学，竟然存在着种族歧视的问题。同班同学中，大部分都是美国白人，他们骄傲自大看不起外来的留学生，尤其是中国留学生。钱学森总是会受到白眼或不公正的待遇。钱学森对此

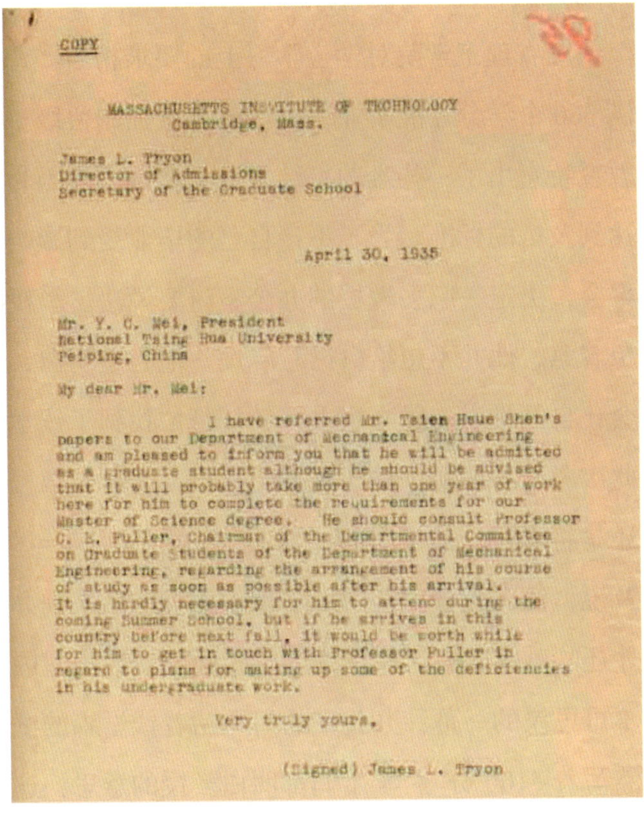

COPY

MASSACHUSETTS INSTITUTE OF TECHNOLOGY
Cambridge, Mass.

James L. Tryon
Director of Admissions
Secretary of the Graduate School

April 30, 1935

Mr. Y. C. Mei, President
National Tsing Hua University
Peiping, China

My dear Mr. Mei:

I have referred Mr. Tsien Hsue Shen's papers to our Department of Mechanical Engineering and am pleased to inform you that he will be admitted as a graduate student although he should be advised that it will probably take more than one year of work here for him to complete the requirements for our Master of Science degree. He should consult Professor C. E. Fuller, Chairman of the Departmental Committee on Graduate Students of the Department of Mechanical Engineering, regarding the arrangement of his course of study as soon as possible after his arrival. It is hardly necessary for him to attend during the coming Summer School, but if he arrives in this country before next fall, it would be worth while for him to get in touch with Professor Fuller in regard to plans for making up some of the deficiencies in his undergraduate work.

Very truly yours,

(Signed) James L. Tryon

1935 年 4 月 30 日，麻省理工学院研究生院秘书特赖恩复函梅贻琦，同意接收钱学森入读该校（原件存清华大学档案馆）

非常不满，他曾气愤地对美国同学说："中国现在是比你们美国落后，但作为个人，我们人比人，你们谁敢和我比试？"此言一出，满座尴尬，在场高傲的美国同学没有一个敢站出来应战。钱学森之所以敢放出如此豪言，皆因他有这个实力。在校期间，钱学森各科成绩都名列前茅，大多数学生做不出来的题目，到了他手里便迎刃而解，甚至还会给出多种解法。值得一提的是，因为钱学森的学习成绩优异，曾经发生过一件有趣的事儿。

麻省理工学院对学生学习上的要求相当严苛，学生必须修满 360 个学分才能毕业，否则就要被强制留级。一次考试中，教授特意出了一些难题。结果，大多数学生因为题目太难而未达到及格的标准。为了不让自己的毕业受到影响，他们私下里聚会，决定一起去教授的办公室讨要说法。教授听闻此事，不免着急，他并不想给自己惹麻烦。他心里明白，学生们的起哄会让自己难堪。思来想去，教授赶忙找到了钱学森，并向他借此次考试的答卷。钱学森不明就里，但看着教授着急的样子，还是将卷子交给了教授。教授接过卷子，连句"谢谢"也来不及说，便飞跑着出了门。学生们成群结队来到办公室门前，刚才还吵吵嚷嚷要讨说法的同学瞬间鸦雀无声，因为他们看到了不可思议的一幕：办公室的门上贴着钱学森的试卷，得分处赫然写着"100 分"。学生们都明白教授的意思：这张卷子确实难了些，可依然有人能够拿到满分，而且还是一位中国人。学生们再也不嚷嚷了，只能灰溜溜地回到教室。

在麻省理工学院深造的几年里，钱学森汲取了大量航天工程方面的知识，但是他对这所大学还是不太满意的。他后来说："在麻省理工念书的时候，因为成绩不但比美国学生好，而且比在那儿同班的其他外国学生都好，对洋人的迷信开始打破,对麻省理工的教授也难以心怀钦佩,觉得他们也不过如此。"他发现，这所以培养工程师闻名的学校缺乏创新精神，有些刻板。

钱学森对麻省理工学院的印象欠佳,除了它缺乏创新精神，还有别的原因。当时美国教育界有个说法："MIT 就是地狱！"这是因为麻省理工学院功课繁重，学生几乎所有时间都像只海獭般忙忙碌碌。这对钱学森来说，不是问题，他在国内经历过为分数而战的大学生活，已经习惯了。何况，麻省理工的教学方法，他在上海交大已经体验过了。上海交通大学当时有"东方 MIT"的美称。钱学森晚年说："我到美国麻省理工学院航空工程系学习,这才发现,上海交大是把 MIT 搬到中国来了！"上海交通大学设课不但参照了 MIT 的课程体系，甚至不少课程直接使用 MIT 原版教材或翻印讲义，不少教师更是在 MIT 拿的学位。对钱学森而言，麻省理工学院的问题主要是学习太"轻松"了。钱学森从入学到毕业可谓"边学边玩"。他说："麻省理工学院在当时也算是鼎鼎大名了，但我觉得没什么，一年就把硕士学位拿下了，成绩还拔尖。其实这一年并没有学到什么创新的东西，很一般化。"如果比较钱学森在麻省理工学院的 16 门课程与上海交通大学的课程，便可知许多课程他

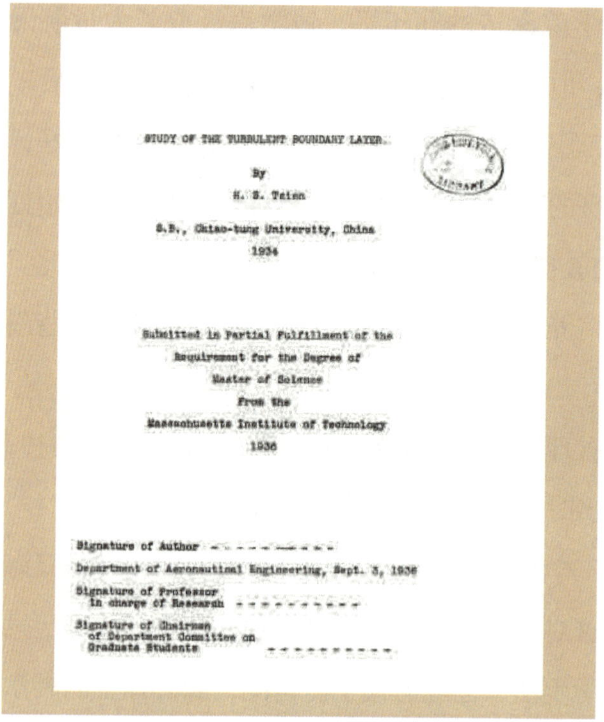

STUDY OF THE TURBULENT BOUNDARY LAYER

By

H. S. Tsien

S.B., Chiao-tung University, China

1934

Submitted in Partial Fulfillment of the Requirement for the Degree of Master of Science from the Massachusetts Institute of Technology

1936

Signature of Author - - - - - - - - - -

Department of Aeronautical Engineering, Sept. 3, 1936

Signature of Professor in charge of Research - - - - - - - - - -

Signature of Chairman of Department Committee on Graduate Students - - - - - - - - - -

钱学森在麻省理工学院提交的航空工程硕士论文

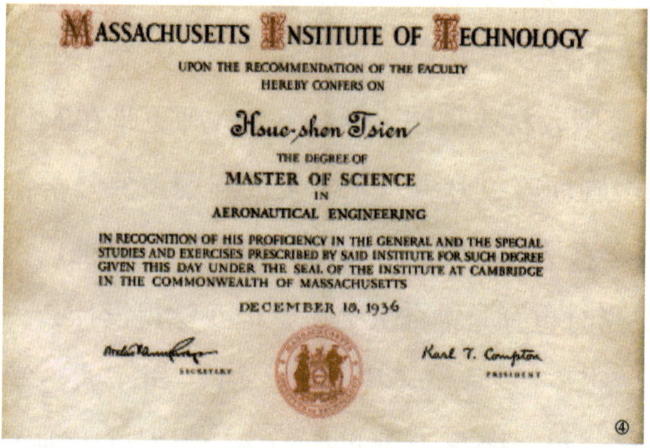

MASSACHUSETTS INSTITUTE OF TECHNOLOGY

UPON THE RECOMMENDATION OF THE FACULTY HEREBY CONFERS ON

Hsue-shen Tsien

THE DEGREE OF

MASTER OF SCIENCE

IN

AERONAUTICAL ENGINEERING

IN RECOGNITION OF HIS PROFICIENCY IN THE GENERAL AND THE SPECIAL STUDIES AND EXERCISES PRESCRIBED BY SAID INSTITUTE FOR SUCH DEGREE GIVEN THIS DAY UNDER THE SEAL OF THE INSTITUTE AT CAMBRIDGE IN THE COMMONWEALTH OF MASSACHUSETTS

DECEMBER 18, 1936

SECRETARY

Karl T. Compton

PRESIDENT

④

钱学森在麻省理工学院取得的航空工程硕士学位证书

都在大学期间学过。钱学森的硕士学习非常轻松，他一年修完所有硕士课程，并顺利地完成硕士论文 *Study of the Turbulent Boundary Layer*（《湍流边界层研究》）。这篇硕士论文严格意义上讲并非理论研究，其实是有关“湍流附面层的实验研究”。

1936年9月，钱学森在麻省理工获得航空工程硕士学位后，选择前往加州理工学院，师从著名空气动力学家冯·卡门，继续深造，攻读博士学位。钱学森希望自己能在“理论层面”得到提升。

钱学森决定前往加州理工学院继续深造，在科学理论的研究上有所作为，但他的想法最初未能得到父亲钱均夫的认可。钱均夫在长期的教育实践过程中，认为国家积贫积弱的原因之一就是中国在工程上的不发达，因此希望儿子走工程救国道路，而科学理论的研究恰如传统文化中的经史子集，并不能改变中国落后的状况。就在此时，钱均夫的好友、著名军事家蒋百里到欧美考察，顺道看望世侄钱学森。钱学森向蒋百里谈及此事，获得了蒋百里的支持，鼓励他继续深造。蒋百里回国后，劝说钱均夫，终于使其回心转意。有趣的是，蒋百里看望钱学森时还特意赠送了他一张自己女儿蒋英的照片，为二人一生的姻缘埋下了伏笔。

当年10月份，钱学森跟几位在波士顿的好友道别后，便前往加州理工学院开始博士研究生生活。钱学森到加州理工学院之后，立刻就感受到了它和麻省理工不一样的氛围，整个校园弥漫着自由创新的学术气息。这令钱学森十分开心。

钱学森入读加州理工学院时的留影

一到加州理工学院，钱学森就投入紧张的学习中。除导师指定的高级航空理论、航空工程研讨课、航空工程研究、统计学、张量理论、弹性力学航空应用等专业课程外，他还充分利用加州理工学院的学术资源，通过选修微分几何、复变函数论、量子力学、广义相对论、统计力学和结构化学等扩大知识面，构建广博的知识体系。舍友范绪箕说：“钱学森是个非常用功的人，他把时间几乎都花在读书上。”

第二章

师从空气动力学名家 冯·卡门

凭借着勤奋与聪颖，钱学森与航空航天领域的科学奇才西奥多·冯·卡门（Theodore von Kármán）不光成了师生，更成了坚若磐石的合作伙伴。他极富前瞻性的理论与卓越的研究成果，不仅为后人的科学研究打下了坚实基础，也成为人类发展道路上氤氲瘴雾中闪耀的灯塔。

第一节

“卡门—钱近似”公式

加州理工学院（California Institute of Technology，简称Caltech）创立于1891年，位于美国加利福尼亚州洛杉矶东北郊的帕萨迪纳，是世界最顶尖的研究型大学之一。那个时代的加州理工学院规模不大，全校仅2000名学生，是一所典型的精英学府。不同于麻省理工学院，加州理工学院整个校园弥漫着自由活泼的学术气氛。

钱学森办理好入学手续后，暂住学校教师活动中心。由于教师活动中心的租金太贵，钱学森不久便找到同年到加州理工学院攻读机械和航空工程硕士学位的范绪箕，提出合租。范绪箕当时已租住在帕萨迪纳南密歇根街290号。公寓有三间卧室，还有客厅、饭厅、早餐室等，同住者还有范绪箕的同学袁绍文和王锡衡。钱学森加入后四人分摊租金，直至1940年左右。在此期间，中国留学生还经常组织聚会活动，南密歇根街290号公寓由于交通便利、空间宽敞，成为首选的聚会点，同时也成为接待国内来客的地方。抗战名将蔡廷锴、杨虎城等都曾到这里做客。

来到加州理工学院后，钱学森特别注重科研规范的训练和

路德维希·普朗特（1875—1953）

青年时期的冯·卡门

学术诚信的养成，积极融入世界航空科学“学术共同体”，进而与“共同体”科学家保持“平等对话”。

冯·卡门1881年出生于匈牙利布达佩斯，师从德国哥廷根大学现代流体力学开拓者之一的路德维希·普朗特教授，并获得博士学位。他曾先后在巴黎大学、亚琛工业大学和哥廷根大学任过教。他是加州理工学院一位航空航天领域的科学奇才，时任加州理工学院航空系主任和古根海姆空气动力学实验室主任。他精力充沛，性格开朗，擅长辞令，富有幽默感；阅历丰富，到过世界上很多国家，与20世纪许多大科学家都有密切的交往。

学术上，早在1911年，冯·卡门在德国哥廷根大学工作期间便提出了钝体阻力理论，即著名的“卡门涡街”理论，大大改变了当时公认的空气动力学原则。这一研究后来很好地解释了 1940 年华盛顿州塔科马海峡大桥在大风中倒塌的原因。在博士导师普朗特的指导下，通过各种风洞实验，经由数学计算和分析，冯·卡门发现，机翼穿过气流时会产生两股平行的气旋，造成一种阻力，从而完成著名的“卡门涡街”等多项空气动力学方面的研究。1930 年移居美国后，冯·卡门主持古根海姆空气动力学实验室和加州理工第一个风洞的设计和建设工作。在任实验室主任期间，他提出了附面层控制的理论，1935 年，他又提出了未来的超声速阻力的原则。1938 年，冯·卡门指导进行美国第一次超声速风洞试验，发明了喷气助推起飞，使美国成为第一个在飞机上使用火箭助推器的国家。

冯·卡门是当时学院里最受学生欢迎的教授。讲课时，他很有鼓动性，声情并茂，神采飞扬，新奇的思想和抑扬顿挫的演说，令学生们如痴如醉。很多时候，他都能用出乎意料但又合乎逻辑的思路在课堂上为同学们阐释极为复杂的方程式，同学们也常常以热烈的掌声表达内心的崇拜之情。冯·卡门的个人魅力大到很多研究生都竭尽所能争取他的认可，一听说他要授课，平时散漫成性的学生也会立刻各就各位，洗耳恭听。

冯·卡门，无疑是向往航空理论研究的钱学森心中的启明星和首选偶像。

钱学森与冯·卡门初次见面的情形与众不同。钱学森敲开冯·卡门的房门，马上就自己进一步深造的问题征询冯·卡门的意见。冯·卡门抬起头来打量了一下面前这个身材不高、神情严肃的中国青年，然后向他提出了几个问题。令他没想到的是，所有问题钱学森都作出了清晰而准确的回答，无懈可击。冯·卡门被他敏捷缜密的才思所打动，热情邀请他到加州理工学院深造。就这样，55岁的冯·卡门有了一位25岁的中国弟子。

这对年龄相差30岁的师徒，惺惺相惜，趣味相投，有相见恨晚的感觉。

从钱学森写给他父亲的一封书信中，我们可以清晰地感受到他投在冯·卡门门下的自豪与欣喜之情：

> 儿学森怀着异常兴奋的心境，向大人报告一个喜讯：我自10月份起，转学加州理工学院，投师于非常杰出的空气动力学权威冯·卡门。冯·卡门教授于加州理工学院主持航空学系。全世界的科学界对这位大师都极为向往。大师的治学态度极为认真，只有基础扎实、最守纪律的学生，如德国人、日本人和我们中国人才有资格在他手下从事研究工作。总之，冯·卡门的谦逊和热情，对事业一丝不苟的态度，以及严谨的治学精神，皆给儿以很大影响。儿将追随这位大师攻读空气动力学，也将在这位大师身边度过对儿一生事业具有关键意义的时光……

钱均夫在给钱学森的回信中，提出了自己的看法：“重理论而轻实际，多议论而乏行动，是中国积弱不振的一大原因。国家已到祸燃眉睫的重要关头，望儿以国家需要为念，在航空工程上深造钻研，而不宜见异思迁。”钱均夫的话是针对当时局势有感而发的。当时，日本帝国主义的侵略魔爪，已经伸向了华北地区。中日悬殊的军备差距造成了战场上中国军人的严重伤亡。眼看着山河破碎、民族危亡，钱均夫多么希望儿子能学成归来，发展祖国的航空航天事业，抗击日寇。

父亲的理解和支持，是钱学森巨大的学习动力，他力量倍增。灯红酒绿的好莱坞娱乐胜地、商厦云集的洛杉矶繁华之地都近在咫尺，但是钱学森从未光顾。同学史密斯还记得，钱学森和导师冯·卡门的性格截然不同。冯·卡门是“人来疯”，需要有一大群学者同僚包围，才能发挥出全部才能；而钱学森

冯·卡门以他惯用的姿势向航空研究和发展顾问团的代表解释自己的观点

“话不多”“很低调”，除了工作，什么都不放在心上，喜欢独处沉思不受打扰。在加州理工学院清静的环境里，钱学森过起了刻苦攻读的“苦行僧”生活。每天早晨，他穿西装、打领带，吃罢早饭就到校上课，一直到晚上 10 时以后才回到宿舍。第一年，他几乎不跟其他学生来往，独来独往于教室与图书馆之间。他攻读各种专业课，并尽自己所能搜集不同国家的各种航空学资料进行系统阅读，如痴如醉。

对冯・卡门而言，最喜得天下英才而教育之。招收到钱学森这样的优秀学生，毫无疑问是他人生的一大快事。不然，他也不会“到处逢人说项斯”，经常向自己的朋友夸赞这位得意弟子。理论物理学家保罗・爱泼斯坦教授甚至跟冯・卡门开玩笑说，他怀疑钱学森是否身体里也流淌着犹太人的血。由于冯・卡门经常邀请钱学森到自己家做客，冯・卡门的妹妹也很喜欢钱学森，经常向他提出种种新奇的设想。1947 年 2 月，冯・卡门推荐他为麻省理工学院的终身教授，这是冯・卡门肯定钱学森才华的最有力证据。冯・卡门这样提起钱学森：“我发现他非常富有想象力，他具有很高的数学天赋。”他还说：“钱的这种天资是我不常遇到的。”

开始的时候，钱学森跟冯・卡门一起研究一些数学问题。冯・卡门发觉他想象力丰富，既富有数学才华，又具备将自然现象转化为物理模型的能力，并且能把两者有效地结合起来。很快，钱学森便能在一些艰深的课题上协助冯・卡门厘清一些概念，散发出一个优秀学者的光芒。

钱学森在加州理工学院讲课

钱学森没日没夜地待在实验室里。那些厚厚的书本被他一遍一遍翻过，原来崭新的书页被他在上面画满了红杠杠、蓝道道。他像一个手法巧妙的裁剪师，在书本上剪取一个个奇思妙想。每天长达 18 个小时的学习时间，使钱学森成了同学们眼前的一道风景。他如饥似渴、废寝忘食的精神令其他同学惊叹，他们都说他疯了。黑眼圈围绕的眼睛，瘦削的脸颊，长长的头发和乱草似的胡须，被实验溅出的火花烧出无数小洞的工作服……他几乎没有停下脚步的时候，他的中餐和晚餐几乎也都是站着吃完的。

好学又勤奋的钱学森很快便从冯・卡门手下的几个学生中脱颖而出。冯・卡门特别赞赏钱学森的学习精神和学习方法，教学相长，相处甚欢。冯・卡门总是以他匈牙利人豪爽的性格和幽默的手势把他的得意弟子介绍给他的朋友们。

导弹试验初期，钱学森已经敏锐地感觉到导弹的重要性将日益增加。他半开玩笑地提出，美国应设立一个名称叫喷气式武器部的新机构，专门研究遥控导弹。他还指出，控制导弹与操纵常规武器的技术要求完全不同，因此，必须敦促军事部门建立一个新团体，以崭新的作战思想和方法进行管理。他甚至还建议冯・卡门建立一个学会，以促进喷气推进技术的发展。他的想法很快成为现实，也得到了导师的重视。他本人也接受冯・卡门的邀请，加入了美国空军科学顾问团。

在冯・卡门的精心培育下，钱学森潜心研究了现代数学、偏微分方程、原子物理、量子力学、相对论、统计力学等多种学科的基础理论，并从导师那里学到了如何从工程实践中提取理论研究对象的原则，以及如何把理论应用到工程实践中去的方法。冯·卡门每月都主持一次由诸多专家、学者参加的研讨会，这种民主的教学方法和平等讨论的科研方法，给钱学森提供了锻炼创造性思维的好机会。回忆往事，钱学森曾深情地说："我的恩师冯·卡门，不但教给我知识，而且教我掌握现代科学技术的观点与方法，使我终身受用不尽。"

空气动力学是力学的一个分支，是航空工程的基础理论。航空要解决的首要问题是如何获得飞行器所需要的举力、减小其阻力和提高其飞行速度。钱学森进入空气动力学研究领域的时候，恰恰赶上世界航空工业大转折的时代：从老式的螺旋桨飞机向喷气式飞机发展，飞机正处于追赶甚至超过声速的时代。

从前的科学家所研究的只是低速飞行动力学，而这个时候，飞机在"亚声速"或"超声速"飞行，空气动力学规律与低速飞行全然不同。接近声速飞行时，气体会在机翼表面挤成一团，压力逐渐增加，从而导致失速，而失速问题已经造成了多次机毁人亡的严重事故。在提高飞机飞行速度的努力中，计算机翼的空气压力分布遇到了前所未有的困难。航空界已有的一些计算方法，只适用于飞机机翼较薄、飞行速度较慢的情况。要想提高喷气式飞机的速度，必须解决两大科学难题：其一，当飞机的飞行速度提高到亚声速时，气体的可压缩性对飞行器的性能到底有什么影响，它们之间的定量关系是怎样的？其二，如果想再把飞机的飞行速度进一步提高到超声速，应该用什么样的理论指导和技术设计才能实现？

冯·卡门要求钱学森把这两大难题作为他博士论文的研究课题，从而建立起崭新的“亚声速”空气动力学和“超声速”空气动力学。为了实现大型超声速飞机精准合理的设计与制造，冯·卡门凭着对物理问题敏锐的洞察力，建议改变传统的计算方法，采用来流状态点处的切线近似计算法。钱学森在导师的启发下，专心致志地反复对比、思考，加之一系列细心的数学推导、计算与实验，他终于得到了比过去更为精确的计算结果。在冯·卡门的指导下，钱学森花费 3 年的时间，终于成功地攻克这两大难题。“卡门—钱近似”公式诞生了！

很快，全世界的空气动力学家都知道“卡门—钱近似”公式是空气动力学中的一项重大科研成果，钱学森在学术界名声大噪；如今，“卡门—钱近似”公式为每个从事空气动力学研究的人所熟知。

$$C_p = \frac{2\left(1+\sqrt{1-Ma_\infty^2}\right)C_p^t}{2\sqrt{1-Ma_\infty^2+\left(C_p^t-2\right)Ma_\infty^2+2}}$$

“卡门—钱近似”公式

冯·卡门在他1954年出版的《空气动力学的发展》一书中，多次阐述了"卡门—钱近似"公式的由来和意义。冯·卡门十分清楚钱学森在他们的合作中所起的重要作用，他在一篇回忆文章中写道："在我和钱的那一段密切合作时期，他给我留下的印象很深。他有饱满的热情，充沛的精力和智慧的大脑，同时有很高的探索未来科学的激情。应当说，我们之间的合作是饶有成果的。"钱学森对自己这位导师也是敬重有加。

冯·卡门和钱学森这对跨国师徒之间的合作，远不止一篇博士论文这么简单。师徒二人在1938年至1945年期间连续发表一系列合作撰写的学术论文。主要有：

1938年，《可压缩流体边界层》，刊载于《航空科学杂志》第五卷。

1939年，《球壳在外压下的屈曲》，刊载于《航空科学杂志》第七卷。

1940年，《曲率对结构屈曲特性的影响》，刊载于《航空科学杂志》第七卷。

1941年，《圆柱壳在轴压下的屈曲》，刊载于《航空科学杂志》第八卷。

1943年，《关于远程火箭抛射体可能性的综述》，刊载于《喷气推进实验室报告》。

1943年，《利用喷气的引射作用作为驱动推进剂泵的动力源可能性的研究》，刊载于《喷气推进实验室报告》。

1944年，《关于喷气推进系统应用于导弹和跨声速飞机的比较研究的综述》，刊载于《喷气推进实验室报告》。

1945年，《非均匀流中机翼的升力线理论》，刊载于《应用数学季刊》第三卷。

师徒二人年年有高质量的学术论文发表，可谓硕果累累。空气动力学领域的这一系列重大科研成果，不但享誉当时，也是世界航空业界当之无愧的传世佳作。

钱学森与冯·卡门亲密而卓有成效的合作，使他获聘加州理工学院古根海姆航空实验室研究人员，继续为突破飞机在高速飞行下的“音障”和“热障”作出贡献。

第二节
“钱学森弹道”的提出

1944年6月6日，美英联军发动了诺曼底战役——“霸王行动”，这是第二次世界大战期间盟军在欧洲西线战场发起的一次大规模的登陆进攻计划。诺曼底登陆战是世界上最大的一次登陆作战，盟军先后调集了36个师，总兵力达288万人，其中陆军有153万人，相当于20世纪末美国的全部军队。从1944年6月6日至7月初，美国、英国、加拿大的百万军队，17万辆车辆，60万吨各类补给品，成功地渡过了英吉利海峡。到7月24日，战争双方均损失惨重，约有24万人伤亡，其中盟军伤亡12.2万人，德军伤亡和被俘共计11.4万人。至8月底，盟军一共消灭或重创德军40个师，击毙和俘虏德军集团军司令、军长、师长等高级将领20人，缴获和摧毁德军的各种火炮3000多门，摧毁战车1000多辆。德军损失飞机3500架，坦克1.3万辆，各种车辆2万辆，人员40万。诺曼底登陆成功，盟军重返欧洲大陆，使第二次世界大战的战略态势发生了根本性变化。

为了挽回战局的颓势，纳粹德国决定把火箭武器作为“杀手锏”亮出来。6月13日至15日，德军从法国北部向英国首都伦敦连续进行了 3 次火箭袭击。这是纳粹德国首次把火箭投入实战，也是火箭作为新式兵器首次用于战争。

为了了解纳粹德国火箭情况，冯·卡门特意派学生马林纳从洛杉矶飞往战火中的伦敦。根据马林纳的实地考察，德军火箭被英军击落的比较多，原因之一是火箭比较笨重。冯·卡门、钱学森等人研究后，立即调整计划，决定再研制一种小型火箭，由于它的体积比“下士”火箭小得多，犹如娇小的女士，就以“女兵下士”作为该火箭的型号。

稍加回溯，事情是这样的：

1943 年夏天，冯·卡门收到了美国军方送来的几张高度机密的照片。照片显示，在已被纳粹德国占领的法国北海岸，出现了几座犹如水泥跳水台的奇怪建筑。冯·卡门、钱学森、马林纳仔细分析后认为，这应该是火箭发射台。由此推测，纳粹德国正在大规模发展火箭武器。来自英国的情报也证实，纳粹德国已经研制出了可用于作战的火箭，并开始投入批量生产。这表明，纳粹德国的火箭技术已经远远走在了美国的前面，在战场上这对盟军构成了极大威胁。

于是，冯·卡门让钱学森、马林纳起草了一份分析报告，报告题为《关于远程火箭运载器的评价和初步分析》。在这份报告中，钱学森、马林纳分析了纳粹德国火箭研究的动向和水平，指出美国应该立即着手制订火箭研制计划。冯·卡门特别为这份分析报告向美国国防部写了一份备忘录。

美国国防部认可了这份报告，火箭研制被迅速列入军方计划。1944 年 1 月，美国陆军炮兵部向加州理工学院喷气推进实验室正式下达了名为“ORDCIT”的绝密计划。“ORDCIT”是“炮兵部和加州理工学院联合计划”的缩写。该计划要求加州理工学院喷气推进实验室尽快研制可以用于实战的火箭，并对火箭的性能提出了明确的战术指标：推进剂重量不小于 1000 磅（454 千克）；射程为 75~100 英里（120~160 千米）；最大射程的弹着点误差不超过 2%；飞行速度足以使敌方战斗机探测不到。

火箭武器分别采用固体推进剂发动机和液体推进剂发动机两种型号。采用固体推进剂发动机的火箭，取名为“列兵”；采用液体推进剂发动机的火箭，取名为“下士”。

“女兵下士”火箭全长 4.9 米，直径 20.5 厘米，总重 302 千克，尾部装有三片稳定翼，采用液体火箭发动机，推力为 680 千克，工作时间 45 秒。

在研究“女兵下士”火箭的漫长过程中，钱学森提出了一个极为超前的新型导弹弹道设想，即“助推—滑翔”弹道。这种弹道的特点是将弹道导弹和飞航导弹的轨迹融合在一起，使之既有弹道导弹的突防能力，又有飞航式导弹的灵活性。钱学森与两名同事一道，于 20 世纪 50 年代完成了 20 世纪 40 年代末提出的弹道概念设想的论证，后来这种设想被称为“钱学森弹道”。

“钱学森弹道”的基本原理，就是让弹头在“临近空间”（距地面 20~100 千米的空间）进行增程滑翔，然后再进入稠密大气。这需要重新设计弹头的外形，使其具有升力体滑翔的能力，并在再入大气层时对弹头的迎角进行控制。在100千米的高度上，大气层依然非常稀薄，即便弹头设计成升力体外形，其在稀薄大气中产生的升力也不足以抵消弹头的重力，因此弹头的飞行路径依然是降高度状态，但因滑翔效应，其飞行的距离会更长。随着弹头在大气中继续飞行，高度不断降低、大气密度逐渐增加，但同时弹头的速度也逐渐降低，在进入稠密大气时，它的飞行速度会明显低于传统弹道导弹的弹头。

由于在再入大气层时充分利用了空气动力学和滑翔效应，“钱学森弹道”又被称为“助推滑翔弹道”。

这种再入大气层滑翔机动的高性能导弹，由于其弹道难以预测，可以成为突破导弹防御系统强有力的“杀手锏”武器。不难预测，“钱学森弹道”仍将在21世纪的军用和民用飞行器发展中发挥重要的作用。

1949年12月，钱学森在美国火箭学会年会上做了题为《火

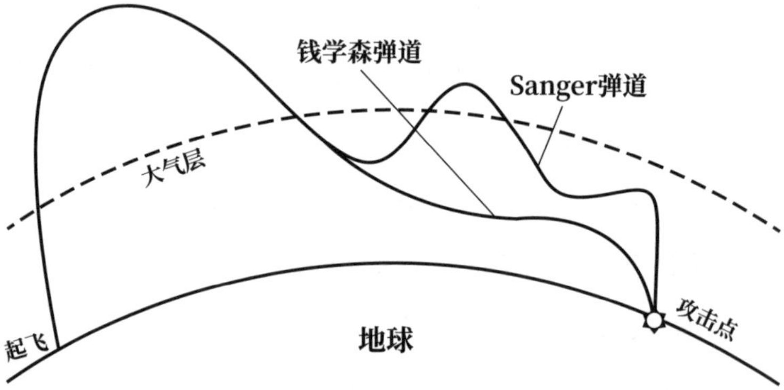

“钱学森弹道”示意图

箭作为高速运载工具的前景》的报告，报告中第一次提出“火箭客机”的概念，为世界上第一架航天飞机的诞生奠定了理论基础。后来他在第四届火箭学会年会上又详细介绍了“火箭客机”的构造、飞行原理及燃料等设想，为后来的航天飞机和运载火箭打下了理论基础。

“火箭客机”设想，在美国科学界引起了巨大的轰动，有人称赞他是一位“科学天才”，也有人说他“疯了”。当时美国各大媒体对钱学森和他关于航天飞机的设想给予高度评价,《纽约时报》称他为“有价值的中国科学家”“美国火箭领域最有天分的科学家”。《洛杉矶时报》称他为“世界上最顶尖的火箭专家之一”、喷气推进领域“最热门的科学家”“最卓越最杰出的权威”“美国培养的火箭天才”等。

树大招风，名高遭忌。由于钱学森在航空航天领域取得的成就，美国当局用尽手段对他的回国计划进行阻挠，甚至将他软禁起来，再也不允许钱学森参与任何美国军方的机密计划，这使得钱学森无法继续之前实践性的研究了。不过，钱学森并没有就此放弃，他对航空航天领域的研究转向更为高深的理论层面。

被软禁期间，钱学森在努力探索超声速飞机以及火箭和喷气推进飞行器的性能和原理的过程中，特别是在他研究火箭发动机内部的燃烧过程时，需要用到介质和材料在高速和高温状态下的成分和性能。可是，手册上查不到有关的数据，实验也得不到这些数据。

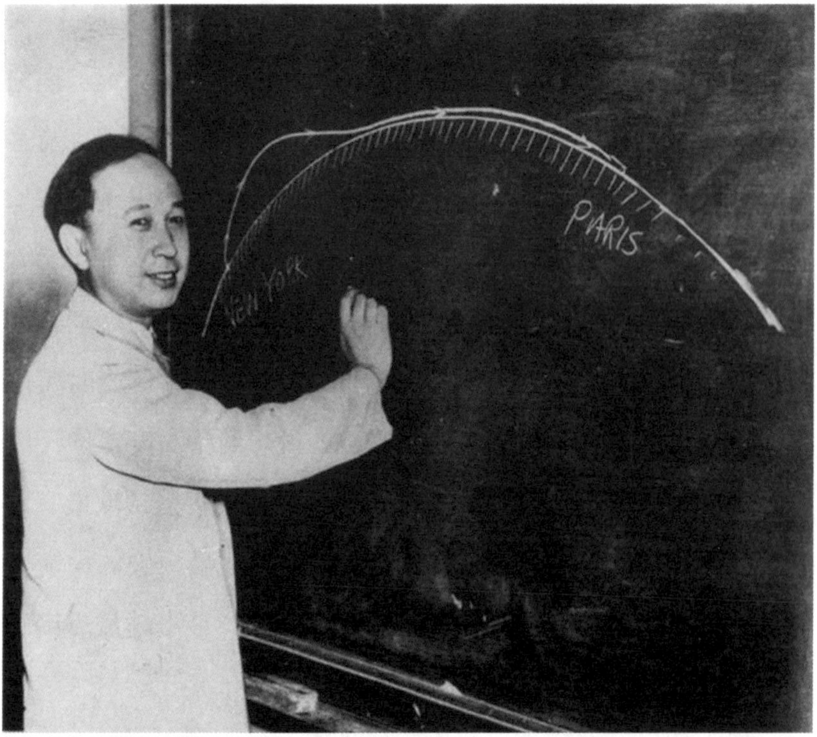

1949 年，钱学森在美国火箭学会年会上提出了“火箭客机”的概念

钱学森敏锐地意识到，在火箭技术、核能技术等重要领域，工程师们迫切需要高温、高压、超高温、超高压及放射线作用等条件下介质和材料的性质，诸如本构关系、输运性质及化学反应的平衡和动力学的数据等。如果完全依靠实验，会遇到很大困难。钱学森考虑到近代物理和化学的发展，对物质在原子核以外的微观结构已有相当的了解，有条件来建立一门新的技术科学，即物理力学。

1953年，钱学森发表《物理力学——一个工程科学新领域》一文，说明物理力学的目的在于通过对物质的微观分析，把有关物质宏观性质与实验数据加以总结和整理，从而找出规律，得到所需要的数据，而且可以预见到新型材料的宏观性质，为发展新材料、新工艺服务。此后，钱学森在教学与研究中不断丰富、充实与深化其内容。从文章中可以看出，钱学森在物理力学研究中倡导研究复杂性难题需宏观与微观相结合、多科综合利用的这种系统思维的科学思想和方法。这种思想和方法得到广泛的共识和使用，也由此开辟了一条科学解决工程技术问题的新途径。他的《物理力学讲义》在出版后不久就被译成俄文，并被广泛引用。

物理力学学科从一开始提出来，就在国际上得到了普遍承认，并产生了极大影响。1964年，苏联乌克兰科学院成立了如今在国际上很有影响的“物理力学研究所”，主要研究方向是用物理力学的有关方法研究固体材料的强度、塑性、韧性和断裂。该所的名称和主要研究方向明显跟钱学森对物理力学的倡导有关。1965年，该所还创办了《材料的物理化学力学》期刊。1986年，美国国家标准局蔡锡年博士明确指出，分子动力学是钱学森在20世纪50年代初创立的物理力学的延伸。随着物理力学所要求的力学微观化总趋势的发展，2000年，俄罗斯科学院西伯利亚分院强度物理和材料科学研究所又创办了国际杂志 *Physical Mesomechanics*（物理微观力学）。除了明确挂上物理力学牌子的单位以外，那些未挂牌子而实际搞物理力学研究

钱学森撰写的《物理力学讲义》于 1962 年由科学出版社出版

的单位更是数不胜数。

近十多年来，计算机技术的突飞猛进所促成的分子动力学和蒙特卡罗法及第一原理分子动力学的发展，对物理力学来说简直是如虎添翼。可以毫不夸张地说，物理力学从微观到宏观的研究模式已成为当今材料科学和力学学科的世界潮流。

从钱学森倡导物理力学的研究到今天已有半个多世纪了，物理力学的丰硕成果对工程技术产生了巨大的贡献。自然科学领域的研究者们都已认识到，研究复杂的科学和技术问题均需要走宏观与微观相结合的道路。回想当年，钱学森把潘纳请到加州理工学院来合作研究，用光谱方法探测喷气发动机的燃烧过程，开展了包括对光谱吸收系数、发射率和辐射输运问题的研究。到了 1961 年，潘纳创办了一个新的学术期刊 *Journal of Quantitative Spectroscopy and Radiative Transfer*（《定量光谱与辐射传输》杂志），这标志着钱学森所提倡的“定量光谱学”成为又一门新学科。可见，物理力学在美国早已开花结果。

从此，一个新的、在应用和基础两方面都极富生命力的力学分支学科就以钱学森的倡导文章、学术论文和讲义为标志拉开了发展的序幕。

第三节

“自杀俱乐部”

1936年，以航空系二年级博士生富兰克·马林纳为主的三个年轻人，在冯·卡门的支持下，成立了研制探空火箭的小组。不久，这个小组又发展了钱学森和另一位成员，成为五人小组。

钱学森成为火箭俱乐部成员，看似纯属偶然，而实际上是事出有因。有一天，钱学森手里拿了一本载有马林纳关于火箭研究方面文章的杂志，并跟他坐在一起上课。于是，二人相识了，而且热烈地讨论起这篇文章的内容来。马林纳当时就向钱学森发出了加入火箭小组的邀请，钱学森也欣然同意加入。钱学森后来回忆说：“马林纳这个人很聪明，小组的其他几个人动手能力也很强，但他们在理论上不怎么行，于是找到我，要我帮助他们解决一些理论和计算问题。”按冯·卡门的说法：“仿佛命中注定这两个人要对火箭技术起关键作用。”

五个年轻人因为经费不足、材料缺乏，只能通过自掏腰包、接受学生捐款、就地取材、捡破烂等方式开展研究。他们从附近的废料库、垃圾场里挑拣一些五金材料，用氧气、酒精、无烟火药做推进剂，液体燃料火箭、固体燃料火箭都搞。半年下来的成果使冯·卡门确信，实验有可能取得成功。然而，俱乐部在最初的日子里接连发生了两起事故：一次是在试验时不慎把一瓶四氯化碳打翻了，古怪的气味在校园里弥漫；另一次是他们用四氯化碳跟酒精混合，火箭喷出的红褐色气体和泡沫把实验室弄得一片狼藉。这两起事故，轰动全校，同学们戏称他们的火箭俱乐部是“自杀俱乐部”。

但后来又发生了两起事件，使俱乐部咸鱼翻身：

一是 1938 年 1 月，为了迎接在纽约召开的第六届全美航空科学协会年会，火箭俱乐部由马林纳和史密斯执笔，写出了论文《探空火箭的飞行分析》。经过钱学森的计算，论文从理论上证明火箭的飞行高度可以达到 10 万英尺。冯·卡门十分欣赏这篇论文，给了马林纳 200 美元作为路费，让他乘火车前

钱学森（中）和火箭俱乐部的其他四位成员在加州理工学院古根海姆办公楼前留影。

往纽约出席会议。这篇论文一炮打响，美国许多报纸报道了火箭俱乐部，马林纳成了新闻人物。

二是 1938 年秋天，冯·卡门和加州理工学院院长米立肯从美国科学院所属的空军研究委员会带回为重型轰炸机研制火箭的“JATO”计划。于是，已经把募捐得来的 1000 美元花得差不多的火箭俱乐部，一下子有了来自军方的研究任务，得到了宝贵的资金支持。1939 年 1 月，美国科学院又给加州理工学院拨款 1000 美元，作为“JATO”计划的启动资金。后来，美国军方拨给火箭俱乐部的研究经费，增加到 10000 美元。

然而在 1939 年 3 月的一次试验中，火箭俱乐部闯了大祸，火箭爆炸了！在爆炸中，一些实验设备受到损坏，腐蚀性气体弥漫整个办公楼。爆炸声惊动全校，火箭俱乐部真的成了“自杀俱乐部”。校方为了安全，从此明令禁止火箭俱乐部在校园里进行试验。

火箭俱乐部被逐出加州理工学院校园之后，把试验基地设在离学校几千米外的阿洛约塞科山谷一块干涸的河床，这是后来著名的喷气推进实验室（Jet Propulsion Laboratory, JPL）所在地。在这里，他们获得了第一次成功，一枚火箭在点火之后，稳稳地飞行了 1 分钟。阿洛约塞科山谷至今还有“自杀俱乐部”的“遗迹”，上面竖立着一块小小的牌子，记载着钱学森、马林纳等人的事迹。

这个当年由冯·卡门和钱学森亲手组建起来的实验室，现在已成为美国太空无人探测研究基地，几乎所有的太空无人探测研究都在这里完成。

1943 年 12 月 20 日，钱学森和马林纳共同提出美国远程火箭导弹研究计划（“JPL-1”），经冯·卡门指点，他们将报告连同冯·卡门的备忘录一起递交给军方，受到军事当局的高度重视。报告认定以当时火箭技术水平为基础，一枚 1 万磅重的液体火箭的射程能达到 75 英里。这是美国导弹计划的第一份正式记录，也是正式使用“喷气推进实验室”这个名称的第一份文件，为美国 20 世纪四五十年代成功研制地对地导弹和探空火箭奠定了基础。

以冯·卡门为首的喷气推进实验室，开始了美国第一枚火箭武器的研制工作。著名学者钱伟长、郭永怀、周培源、林家翘等人曾先后来到这个喷气推进实验室从事研究工作，为美国的火箭研制做出了贡献。

1944 年 1 月 15 日，冯·卡门接到美国陆军军械署崔齐尔上校的信，大意是：急盼尽快开发长程导弹，愿意提供此类计划所需经费，每年暂以 300 万美元为限。冯·卡门依靠马林纳和钱学森提供的技术资料，扩建了喷气推进实验室。实验室的规模扩大后，研究的内容更加细化，承担的任务也更加繁重。很快，实验室由 4 个小组扩张为 9 个小组，钱学森就任研究分析组组长。

实验室在阿洛约塞科山谷又租了 2.67 公顷土地，并开始大兴土木。河谷西岸修筑了新的试验厂房，试验人员可以透过坚实安全的玻璃观察火箭发动机点火。其他房舍也在短时间内一幢幢落成，还从新墨西哥州运来了大批军用物资。不到一年，实验室的人员就超过了 200 人。从河谷经常传出刺耳的隆隆声和突发的爆炸声，附近居民屡次抱怨河谷里传出的不明声响。直到战争结束后，他们才知道那里发生的事情。当初火箭研究小组曾经为拼装火箭拍手欢呼的河谷，现在已变为“闲人免进”的军事研究重地，并成为闻名遐迩的美国火箭摇篮。

1946 年 2 月 1 日，美国陆军兵工署署长金波尔将军签署

美国喷气推进实验室基地

嘉奖令："钱学森在1939年9月至1945年9月期间，作为加州理工学院喷气推进实验室的小组负责人，表现杰出。"2月13日，亨利·阿诺德将军致函钱学森，表彰其在火箭燃料与引擎、固体与液体燃料火箭、火箭助推起飞装置以及大型火箭等诸多方面卓有成效的研究工作，为火箭和喷气推进等领域的发展做出了巨大而无价的贡献。钱学森由此奠定了自己作为美国早期火箭"理论设计师"的地位，他无愧于"火箭技术领域的一位伟大天才"（冯·卡门语）的美誉。

1945年6月20日，钱学森结束欧洲考察，回到美国，重新开始了他在加州理工学院的科学研究和教学工作。1945年7月，34岁的钱学森被加州理工学院聘为副教授。这次考察使钱学森受益匪浅，他对航空技术、火箭技术的发展有了更清晰的认识，他的学术研究也跃上了一个新的台阶。这期间，他为美国空军主持编写了一部名为《喷气推进》的专著。这本书长达800多页，由加州理工学院喷气推进实验室和古根海姆航空实验室的人员撰写，钱学森是主编之一。在这本书里，钱学森对液体推进剂火箭、固体推进剂火箭、喷射辅助起飞、热动力学、气体动力学等，做了科学、详细的论述。钱学森在1943—1944年两年期间写的论文，也被收入这本书里。1946年，《喷气推进》被美国军方列为空军工程师必读的教材。在之后的许多年里，《喷气推进》一直是美国喷气推进技术研究领域最具权威性的著作。

1945年，钱学森在美国《航空科学杂志》上，发表了一篇题为《核能燃料用于飞机推进发动机之可能性》的学术论文。这篇论文充满了科学的想象和远见卓识。

冯·卡门在回忆录中专设《中国的钱学森博士》一章，回顾钱学森在加州理工学院时期卓尔不群的科研经历，并高度评价他留美期间尤其是二战期间的科学成就：“作为加州理工学院火箭小组早期的成员”，“钱对加州理工学院喷气助推起飞计划作出过重大贡献”，进而为“第二次世界大战中美国的火箭研制作出过重大贡献”。钱学森与冯·卡门和马林纳一道，在位于帕萨迪纳的喷气推进中心建设过程中，成功实现了从螺旋桨飞机到喷气式飞机，进而到太空火箭的跨越，并成为其中的关键人物。

第三章

顶五个师的中国科学家

“科学技术是第一生产力”不只是一句简单的格言警句，它有着丰富的内容，可以得到现实的有力证明。像钱学森这样世界一流的火箭（导弹）专家，他的研究成果，可以转化出巨大的能量。美军高级将领说他“能顶五个师”。兵家利器、强国法宝，有理想的建国者，怎么可能不想方设法让他为自己所用呢？

第一节

出入五角大楼的年轻人

1944 年，第二次世界大战胜负格局初定之际，钱学森追随导师冯·卡门来到美国国防部五角大楼工作，担任科学顾问，并被授予一枚金质徽章，可以参与海陆空三军、国防部和科学研究发展局等一系列涉及国防军事机密的项目。

第二次世界大战爆发后，科学技术在军事装备中的运用越来越显出其“杀伤力”。美国为提升航空科学技术水平以抗衡和超过纳粹德国，以及在战后的美苏对抗中保持战略优势，开始对军事科学技术进行大规模投入。为此，美国还大量地接收遭纳粹迫害的科学家，这场接收运动在历史著作中被称为科学技术的“洲际大转移”。

在五角大楼时，钱学森通常总是忙着写报告。每天早上，他和曾经的学生、军事顾问团的同事哈瑟特先一起写点东西，交流彼此的想法，然后再与其他专家交换草稿。“我们写的那些东西，都相当有争议性，因为我们在预测未来。”

据哈瑟特说，就在这段时间，钱学森完成了《军事飞行器未来发展趋势报告》的大纲。这份长篇报告讨论了飞行器的不同推进和控制方式，还探讨了高速空气动力学问题。

哈瑟特和钱学森在五角大楼的餐厅共进午餐。“通过这些一起吃午餐的机会，我得以真正地了解钱学森。在五角大楼的他，比当教授时和蔼可亲多了，他是个十足的绅士，非常有礼貌，非常客气。”哈瑟特之所以这么说，是因为在加州理工学院教书的钱学森是个急脾气，对待学生偏于严格甚至严厉。

等到 1944 年美国已经掌握战争主动权、即将取得胜利的时候，美国政府开始思考战后如何拥有科学“制空权”的问题。9 月，美国五星上将亨利·哈里·阿诺德与冯·卡门在纽约拉瓜迪亚机场的一辆轿车内，经过秘密会谈后，决定成立国防部“陆军航空兵科学咨询团”（The Army Air Forces Scientific Advisory Group），为美国在战后 20~50 年的尖端军事科学发展做出规划。国防部陆军航空兵科学咨询团由冯·卡门担任团长，成员主要有高校和科研机构的科学家、工程师以及政府高官等。咨询团成立之后，冯·卡门便邀请钱学森加入。

1944 年 12 月 1 日，咨询团召开第一次全体会议。钱学森参加了这次会议，作为唯一一名中国籍科学家格外显眼。1945 年初，美国开始全面掌握第二次世界大战欧洲战场的主动权，军方决定派遣咨询团前往欧洲，实地考察德国等国家的航空科学技术发展情况。咨询团接到任务后便开始准备访问工作，并于 4 月 19 日选定出访团组成人员。在此之前，3 月 25 日，钱学森还被任命为美国国防研究委员会研究顾问。

在咨询团办公室主管格兰茨伯格整理访问人员名单时，发现钱学森有“再入境”的问题。所谓“再入境”问题，是由于美

美国国防部陆军航空兵科学咨询团成立后冯·卡门邀请钱学森加入，图为钱学森的咨询团成员证件

国移民法案规定，持有学生签证者应于毕业后离美。钱学森因留校执教获得延长护照和签证有效期的机会，但他若在此期间离开美国，便无法再次持学生签证入境美国。

冯·卡门强烈地意识到钱学森作为成员参与考察的价值和意义，于是决定商请美国战争部向司法部说明原委，为其申请再次入境权及入境后仍保持原有的学生签证身份。美国司法部移民归化局经过商酌认为，钱学森因美国利益“执行海外任务”，决定特事特办。4 月 23 日，美国司法部移民归化局复函格兰茨伯格，同意咨询团的要求，并保证钱学森能够再次以学生签证身份进入美国，入境后仍旧保持学生签证身份。随后，美国参谋长联席会议于 4 月 24 日向钱学森颁发前往欧洲考察的特别许可证。

与此同时，美国参谋长联席会议又于 4 月 26 日为钱学森颁发了两张身份证件。一张为“普通证件”，以证明钱学森是一位被授予“陆军上校”的校官，这张证件主要用于美军内部“自我识别”的通行认可，证件背后有钱学森的指纹；另一张是“特殊证件”，这是因为当时战争并未真正结束，美军做好了咨询团可能被敌军俘虏的准备。这张“特殊证件”是美国参谋长联席会议

美国参谋长联席会议于 1945 年 4 月 26 日为钱学森颁发了两张身份证件。一张是上图的“普通证件”，另一张是下图的“特殊证件”

席会议颁发的非战斗人员身份证明，显示钱学森为美国参谋长联席会议聘用的咨询专家，并被授予“陆军上校”军衔。这份证件背后同样有钱学森的指纹，但被特别标明“VALID ONLY IF CAPTURED BY THE ENEMY（仅在被敌人俘获的情况下有效）”，即用于“敌方识别”，并且特别说明，若钱学森被俘虏，请敌方根据 1929 年 7 月 27 日《日内瓦公约》第 21 条的规定，按照“上校”级别给予他应有的战俘待遇。

有趣的是，美国军方幽默地为这次考察起了一个特别的代号：“强壮”行动，意为强烈欲望。一切就绪，4 月 29 日，钱学森作为“强壮”行动的参与者乘坐 C-54 军用飞机前往欧洲。由钱学森护照入境记录可知，他考察的国家包括德国、英国、法国、瑞士等，但以德国为主。这次考察无论对美国军事科学发展，还是对钱学森而言都具有重要意义。尤其值得一提的是，咨询团对德国的火箭、空气动力学、发动机等军事科学技术的研究情况做了全面调研，获得了可靠的第一手资料。

咨询团在布伦瑞克一栋空气动力学大楼附近的一口枯井中，竟然发现尚未被销毁的涉密文件 300 多万份，以及重达 1500 吨的仪器。为此，美国海军和陆军专门成立军事技术情报局分类整理文件。此后，该局发展成为美国国防技术文件中心，是当今世界国防科学技术情报的汇总和分析中心。5 月 17 日至 21 日，钱学森在德国调查期间先后完成一系列有关德国在飞机、火箭、炸弹等方面的发展情况的报告。

钱学森在考察过程中还发现，德国的箭形机翼研究要比美国深入得多。随后，钱学森在他的报告《火箭》中，不仅分析了德国研制的火箭的结构性能等，还指出德国已经对火箭进行分类研究：固体推进剂火箭、固体—液体推进剂火箭和液体推进剂火箭。显然，这份报告与钱学森留美前发表的那篇具有科普性质的文章《火箭》相比，已经有了质的飞跃，不可同日而语。

第二节

参与美军“回形针计划”

诺曼底战役使第二次世界大战的战略态势发生了根本性变化，纳粹政权日薄西山，每况愈下。为了扭转局势，纳粹政权将火箭应用在实战中。

二战期间，德国火箭的发展突飞猛进，德国制造的 V-2 火箭，是当时最具杀伤力的武器，在二战中袭击了英国、法国、比利时等国家，给这些国家带来了巨大的灾难。而当时美国只有加州理工学院的五人小组在自发研究火箭。1945 年 10 月 11 日，“女兵下士”火箭试射取得成功。这标志着美国也有了可用于实战的火箭武器。而此时，纳粹德国和日本已相继投降。

1943 年，美国战略情报局获知德军在哈尔茨地区的动向，向美国总统罗斯福秘密通报。罗斯福认为，专家比领土更为重要，要求在攻入德国之后，想方设法劝说德国的科学家为美国工作。为此，美国战略情报局制定了神秘的“回形针计划”，务求网罗以冯·布劳恩为首的一大批德国火箭专家。“回形针”得名之由是，“一大堆纸片被风一吹会散落一地，有了回形针便可以夹住纸片，不至于散落”。回形针，实际指的就是冯·布劳恩。

冯·布劳恩是一个天才的火箭专家。1932年，冯·布劳恩大学毕业，他学会了驾驶飞机，获得了飞机驾驶执照。太空旅行协会的四个伙伴冯·布劳恩、鲁道夫·内贝尔、克劳斯·里德尔和瓦尔特·里德尔应多恩伯格的邀请，入住柏林附近陆军库莫斯多夫炮兵试验场。多恩伯格在那里建立了“陆军火箭研究中心”。而此时，冯·布劳恩才20岁！虽然冯·布劳恩知道军方研制火箭的目的是“利用喷气推进火箭运载炸弹”，但是他明白，不借助于军方的财力，凭借他们几个小伙子是很难研制真正意义上的火箭的。冯·布劳恩全身心投入军方的火箭研制工作，其最终目的仍是太空旅行。

一次又一次的计算，一次又一次的图纸绘制，一次又一次的火箭试制，一次又一次的失败，其中有一次火箭爆炸导致三人当场炸死！冯·布劳恩和他的伙伴们经过两年的研制，1934年12月终于成功地发射了第一枚用液体燃料推进的火箭——A-2型火箭。A-2型火箭的升空高度达1.8千米，这是当时世界上升空高度最高的火箭。

这一成功发射引起德国军方的极大兴趣，因为A-2型火箭比当时威力最大的加农炮射程还要高出一倍。于是，1936年，德国军方在多恩伯格主持下，在佩内明德兴建秘密的火箭研制基地，其中包括研究实验室、试验台、风洞、居住村以及集中营。集中营的囚犯，成为建设火箭研制基地的劳动力。

1937年5月，冯·布劳恩领导的火箭研究团队从库莫斯多夫迁到佩内明德。冯·布劳恩担任技术部主任，他成为佩内明德基地的首席火箭科学家、“导弹鼻祖”，这一年他才 25 岁！

冯·布劳恩是德国火箭的总设计师。德国火箭的种种秘密，全都装在他的脑袋里。抓住冯·布劳恩就等于占领了德国火箭的“保密库”。1945 年初，苏联红军从东面，美英联军从西面，几乎同时攻入德国本土。这时，不论是美英联军的先头部队还是苏联红军的先头部队，都接到各自国家情报部门的密令，不惜一切代价搜罗纳粹火箭科学家，他们的头号追捕目标都是冯·布劳恩。

当时的冯·布劳恩不仅是美苏两国特工搜捕的重点，德国的盖世太保（秘密警察）也严密监视着他。那是因为 1944 年 3

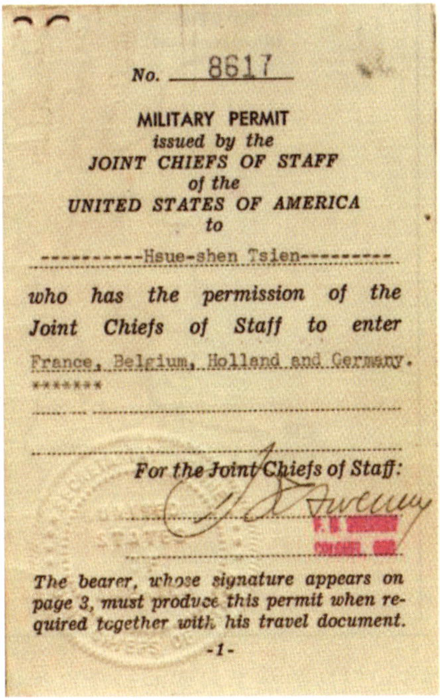
No. 8617

MILITARY PERMIT
issued by the
JOINT CHIEFS OF STAFF
of the
UNITED STATES OF AMERICA
to
----------Hsue-shen Tsien----------
who has the permission of the Joint Chiefs of Staff to enter France, Belgium, Holland and Germany. *******

For the Joint Chiefs of Staff:

The bearer, whose signature appears on page 3, must produce this permit when required together with his travel document.

-1-

美国参谋长联席会议签发的钱学森考察欧洲的“特别许可证”（1945 年 4 月 24 日）

月，身为纳粹党员的冯·布劳恩竟然声明，反对把火箭用于战争，他研究火箭的目的始终是“宇宙旅行”。为此，他被捕入狱，差一点被以“叛国罪”枪毙。毕竟，冯·布劳恩是德国最优秀的火箭专家，经过朋友们的多方营救，加之叛国罪罪名理由不充分，冯·布劳恩在斯德丁的监狱中被拘押了两周之后终于获得释放，但是仍处于盖世太保监视之中。

1945 年 4 月底，为了更快地找到德国火箭专家，美国五角大楼派遣了 36 人的咨询团前往德国，冯·卡门任团长并被授予陆军航空兵少将军衔，钱学森作为冯·卡门的主要助手，

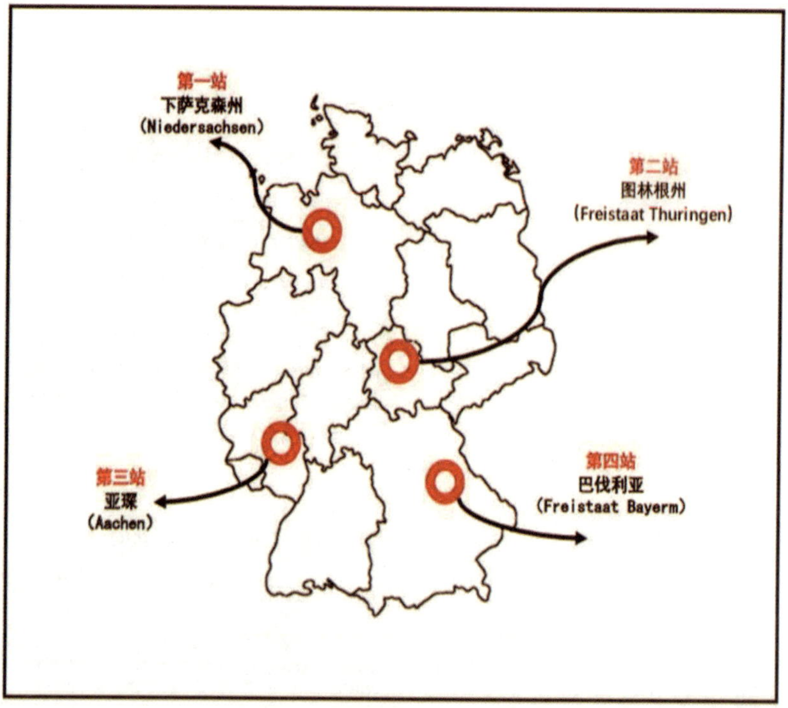

美国国防部陆军航空兵科学咨询团在德国行进路线图

被授予陆军航空兵上校军衔，咨询团的其他成员也全部被授予正式军衔。在美军的护送下，咨询团来到了战火纷飞的德国。他们先后到过下萨克森州的布伦瑞克、图林根州的诺德豪森、亚琛和巴伐利亚山区。

在下萨克森州东部的一座小城布伦瑞克，纳粹分子逃跑前把许多机密的设计文件和图纸埋藏在树林里，美军用金属探测器找到了数千件装在金属盒内、埋在地下的机密文件。钱学森仔细查看了当地的高速风洞、实验室和工厂等，他了解到，虽然 V-2 火箭的射程只有 300 多千米，但是他们已经着手研制一种可以打到美国本土的导弹，可见德国在导弹方面的技术已经领先美国一大截。

在德军火箭、导弹基地所在地德国中部图林根州的诺德豪森，咨询团详细考察了地下工厂的整体布局和生产线，得到了纳粹德国研制 V-1、V-2 火箭的第一手资料。美军从诺德豪森的地下工厂里运走大批图纸、资料，运走已制造的 100 枚 V-2 火箭、拆走制造导弹的设备，这些足足装满了 300 个车皮！美军在诺德豪森俘获了 492 名德国导弹专家及其家属，把他们押上了美国的军车。另外，美军就连那些训练有素的德国导弹士兵也不放过，动员他们前往美国。美军成功地施行了“回形针计划”。

遗憾的是，美军在诺德豪森并没有发现冯·布劳恩。

后来，美军意外地在慕尼黑发现了冯·布劳恩。原来，随着战争形势越来越紧张，在瓦尔特·罗伯特·多恩伯格率领下，

纳粹德国在第二次世界大战中使用的 V-2 火箭，它是在冯·布劳恩带领下研制成功的

包括冯·布劳恩在内的一批德国火箭精英，转移到了巴伐利亚州慕尼黑附近的小镇奥伯阿梅高。

1945 年 5 月 2 日，当美国第 44 步兵师的一队巡逻侦察兵出现在慕尼黑城郊时，多恩伯格和负责看守那批德国火箭精英的党卫军指挥官穆勒经秘密商议，决定背叛纳粹，向盟军投降。他们派出的谈判代表竟然是冯·布劳恩的弟弟！

审问冯·布劳恩时，他讲述的一个细节给钱学森留下了深刻的印象：那是 1939 年 3 月 23 日，冯·布劳恩的 27 岁生日，希特勒参观了竖立在发射台上的火箭，他被指定给元首讲述火箭技术原理。冯·布劳恩极其认真细致地向希特勒讲解，他发现，希特勒心不在焉。然而，当他讲到火箭军事用途的时候，希特勒双眼发亮，耳朵竖了起来，跟之前判若两人！之后，火箭的研制成了纳粹德国的重大军工项目。

钱学森作为美国陆军航空兵的上校军衔顾问参与审问德国科学家冯·布劳恩，这实在是一件巧合之事。多年后，美国一位科学记者在回顾这段历史时说："在那时，没有人知道，中国未来的航天之父，正在审问美国未来的航天之父。"

以冯·布劳恩为首的126名德国火箭精英就这样倒戈，投进美国人的怀抱。当冯·布劳恩到达美军营地的时候，美国士兵不敢相信，这个年仅33岁的年轻人就是大名鼎鼎的德国"火箭之王"。

二战时期的"回形针计划"，使得美国吸收了许多德国科学家。这些科学家后来活跃在美国的各个领域，服务于不同的军事项目。从化学武器、航天、医学到采矿业，德国科学家们为美国战后的发展做出了巨大的贡献。其中，86名德国航天工程师被招募到美国空军，其中包括休伯斯特·斯特拉格霍尔德博士，他是德国空军的顶尖科学家，著名的德国科学家赫伯特·瓦格纳为美国海军工作，还有大量的德国专家进入到美国陆军通信部工作。这些德国科学家的到来，只有包括杜鲁门总统在内的极少数人知道。他们的加入，使美国的科技实力大增，为美国二战后成为世界霸主奠定了坚实的基础。这其中有钱学森的一份功劳。

咨询团在执行"回形针计划"、考察德国期间，有个插曲：

1945 年，钱学森随美国国防部陆军航空兵科学咨询团考察欧洲

冯·卡门见到了他的恩师、“现代流体力学之父”路德维希·普朗特，同门三代在惠海姆学院拍摄了一张合影。冯·卡门在晚年口述的回忆录中提及此事时是这样说的：“我发现，是钱和我在哥廷根共同审问我昔日的老师路德维希·普朗特。这是一次多么不可思议的会见啊，现在把自己的命运和红色中国联系在一起的我的杰出学生，与为纳粹德国工作的老师会合在一起，我们经历的是一个多么奇特的境遇啊……”

德国哥廷根学派，在全世界数学和物理学发展中长期占据重要地位。哥廷根学派的精髓，是从扑朔迷离的复杂问题中找出其物理本质，用简单的数学方法分析解决工程实践问题，实现理论与实践的结合、科学与技术的结合，是科学的助推器。哥廷根学派的科学精神、科学思维、科学方法，让探索未知、创造新知成为钱学森一生始终不渝的追求。

20 世纪，服务于德国的普朗特是哥廷根应用力学学派的创始人之一，是世界公认的近代流体力学的奠基人，有着“空气动力学之父”的美誉。他主张，研究空气动力学必须做模型试验。1906 年，普朗特设计、建造了德国第一个风洞，从此风洞成为空气动力学必备的研究手段。为了纪念他所做出的杰出贡献，德国航空太空中心设置路德维希·普朗特奖杯，用于奖励航天工程领域的杰出科研人员。普朗特最杰出的学生冯·卡门把应用力学从德国带到了美国，他传承和发扬了哥廷根学派的自由民主思想，每周举办一次充分发扬学术民主的研究例会，大大激发了与会者创造的热情。

希特勒上台后，特别是在第二次世界大战期间，普朗特与戈林的帝国空军总部有着密切的合作关系。换言之，对法西斯发动的不义之战，普朗特有着不可推卸的责任。

战争让本属于哥廷根学派的学术共同体，变成了一方对另一方的“审问”。钱学森跟着冯·卡门在这里见到普朗特，普朗特是冯·卡门年轻时候最敬畏的老师，冯·卡门也是由于普朗特的推荐和提携才有了日后的成就和地位。对于钱学森来说，普朗特是他的师公，三代空气动力学家的会晤，原本应该是十分快乐的事情，但在当时的情况下，却是一次不愉快的会面。在保存下来的三人会晤的照片中，冯·卡门在微笑，钱学森坐在中间，也面带笑容，但是师公普朗特却压低了帽檐，脸上一点表情也没有。冯·卡门万万没有想到，十年后，他和老师竟然会以这样的方式重逢，他们分别站在正义和非正义的两岸，各为其主。普朗特满头的褐发已完全灰白，原先板直的腰杆也有些弯曲，师生三代面面相觑，气氛尴尬，询问室没有一点声响，寂静得令人不自在。

普朗特也感慨系之，作为科学家，他是被迫走上与纳粹合作的道路。海因里希·希姆莱在德国是一个铁腕人物，一个不可一世的人物。只要看看他担任过的职务，就可以知道他的“厉害”——“纳粹党卫队队长、党卫队帝国长官、纳粹德国秘密警察（盖世太保）首脑、警察总监、内政部长”，他还兼任德国预备集团军司令官、空军总监等要职。希姆莱以空军总监的身份，找到普朗特教授，要求他为空军制造超声速喷气飞机服务。凭

普朗特（左一）、钱学森、冯·卡门的合影（1945 年摄于德国哥廷根）

借科学家的良心，普朗特婉拒了纳粹头目希姆莱的要求。但是，没几天，普朗特的助手和几名优秀学生都被盖世太保逮捕。普朗特迫于无奈，只得向希姆莱低头。令冯·卡门和钱学森惊讶的是，曾经为纳粹德国出了大力的普朗特，却问冯·卡门："今后我们的研究经费，是否从美国来？"在普朗特眼里，他手中的科学是谁给钱就可以为谁服务的。钱学森对普朗特没有好感，因为普朗特对德国法西斯借科学之名犯下的滔天恶行竟然毫不关心，没有一点忏悔之意，反而处处考虑自己的蝇头小利。他见到美国咨询团，首先提出的要求是允许他把埋在学校网球场下面的自家土豆挖出来，然后连声埋怨美国人炸坏了他的住宅。

他顽固地认为自己是殚精竭虑为国效劳。钱学森厌恶这种没有良知的人，有一段时间他拒绝参加有德国科学家参与的午餐会，他说："我愿意向德国人学习，但不要叫我跟他们同桌吃饭。"

这次德国之行，使钱学森的心灵再次受到强烈冲击。他不仅感受到先进武器在战争中的重要作用，更感受到侵略战争对人类的伤害。当年他在上海上大学时，日军轰炸的惨象始终在他记忆里挥之不去。他没有想到，在这里，科学的创造和罪恶的毁灭，竟然相距如此之近！钱学森对纳粹德国的厌恶油然而生，犹如对日本侵略者的憎恨一样，发自内心深处。

钱学森是一位有着强烈正义感的科学家。

第三节

《迈向新高度》执笔者

1945 年到 1946 年，钱学森在二战期间的技术贡献转化成 3 项主要成果：专著《喷气推进》《开创新领域》系列报告以及关于超空气动力学的论文。这些著作为美国的军方和学术界带来了深远影响。1946 年 5 月 20 日，钱学森向《航空科学杂志》提交了一篇题为《超空气动力学：稀薄气体力学》（*Superaerodynamics*，*Mechanics of Rarefied Gases*）的论文。这篇发表于当年 12 月的论文，或许是他在美国时发表的最著名的论文。钱学森设计出一整套全新的空气动力学公式，将空气的分子结构和气体粒子之间的平均距离等因素均考虑在内。这样，他革命性地改变了空气动力学家思考高空高速飞行的方式。这篇论文获得极大关注并被频繁引用，它奠定了钱学森在美国理论空气动力学界的地位。

事实上，在这篇论文发表前，母校 MIT 已经向他发出召唤。MIT 的航空系给了钱学森一个副教授的职位，并许诺随后转为终身教职。钱学森稍加犹豫，最终还是接受了邀请。决定回到母校是一个明智的选择。他的朋友林家翘认为，钱学森重返 MIT，是为了让自己真正成为一名火箭科学家。钱学森明白，要想在火箭领域有所建树，必须掌握一些加州理工学院之外的东西。当时，加州理工学院与 MIT 是一种竞争关系，前者长于结构和空气动力学，但在 MIT，钱学森却能学到更多关于仪表设备和控制系统方面的知识。

钱学森和导师冯·卡门所带领的美国咨询团除了将大批德国军工科学家带回美国，还收获了大量的机密图纸文件。如果说“回形针计划”的收获让美国在战后世界秩序的重建中获得了远超对手的优势，那么，咨询团回国以后根据德国之行的收获所撰写的战略报告——《迈向新高度》，更是让美国的战后战略迈向新高度。

咨询团返回美国以后，美国军方要求其为美国的战后战略

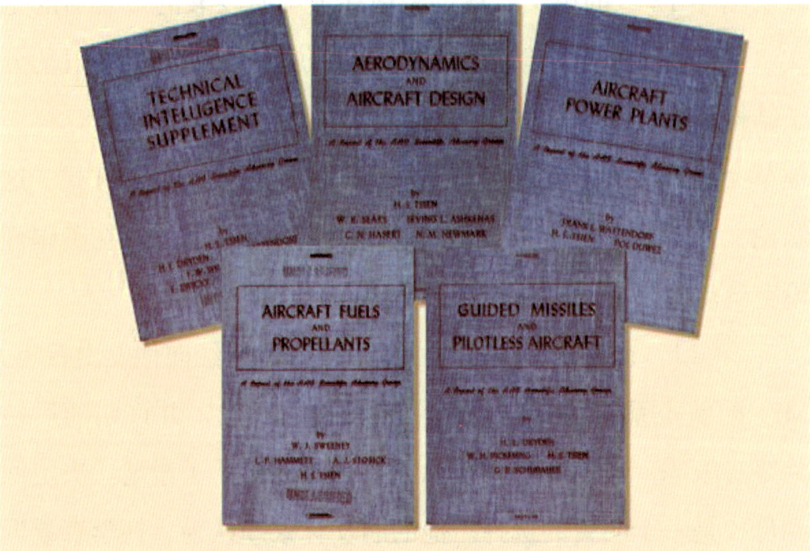

1945 年钱学森参与撰写的《迈向新高度》

提供报告，确保美国可以在战后引领世界，成为战后世界的领导者。《迈向新高度》是当时美国军方的机密文件，报告长达13卷，是以冯·卡门为首、包括钱学森在内的世界著名科学家们集思广益完成的战略性报告，这份报告系统地分析和总结了世界航空、导弹、电子等领域的发展状况，尤其是对空气动力学、飞机设计、机载武器、飞机发动机、火箭推进剂、导弹、无人机、导弹制导、雷达通信等领域的情况进行了分析。

钱学森是该报告最主要作者和编者之一，他参与完成了其中五卷内容的编写，包括高速空气动力学、固体和液体燃料火箭的发展和设计趋势、喷气式发动机、超声速导弹等内容。其中第三卷的第一部分，第四卷的第一部分，第六卷的第二、第三、第四部分，第七卷的第五部分和第八卷的第三部分涉及七项内容，分别为：

Recent Developments of Several Selected Fields of Aeronautics in Germany and Switzerland（德国和瑞士几个航空特定领域的最新发展）

High Speed Aerodynamics（高速空气动力学）

Experimental and Theoretical Performance of Aeropulse Engines（航空脉冲发动机的实验和理论性能）

Performance of Ramjets and Their Design Problems（冲压式喷气发动机的性能及其设计问题）

Future Trends in the Design and Development of Solid and Liquid Fuel Rockets（固体和液体燃料火箭设计与开发的未来趋势）

Possibilities of Atomic Fuels for Aircraft Propulsion Power Plants（原子燃料作为飞机推进动力装置的可能性）

The Launching of a Winged Missile for Supersonic Flight（发射用于超声速飞行的有翼导弹）

钱学森在撰写过程中，充分分析了在德国考察的情况，并将其与美国当时的情况进行对比。他总结了欧洲各国特别是德国在航空航天方面的研究成果和经验，描述了欧洲各地不同的风洞设施、飞机后掠翼的设计思路以及各种推进剂的性能。钱学森结合美国现状，对喷气推进实验室在战时所做的各种理论分析进行了详尽的说明和解释。在报告中，钱学森详细论述了高速气体动力学、固体与液体推进剂火箭、脉冲式喷气发动机、冲压喷气发动机以及超声速有翼导弹等技术的研究成果、问题所在和发展前景。

1946 年，美国陆军军械署大力表扬了钱学森在加州理工学院喷气推进实验室所作的工作。《迈向新高度》的撰写工作也让年轻的钱学森受益匪浅。这样难得的机会让钱学森与冯·卡门等杰出的世界大师一起，站在科学技术和战略思想的最前沿，从整个国家甚至世界战略的高度，全面、系统地提出战略性规划。《迈向新高度》报告让钱学森从一个科学家升级为战略科学家，也让钱学森迈向了他人生的新高度。1946 年 2 月 13 日，美国国防部陆军航空兵司令亨利・阿诺德还特地致函钱学森表达赞扬之意，他在信函中说："您的报告必将对陆军航空兵未来的研究项目规划提供巨大的帮助。"

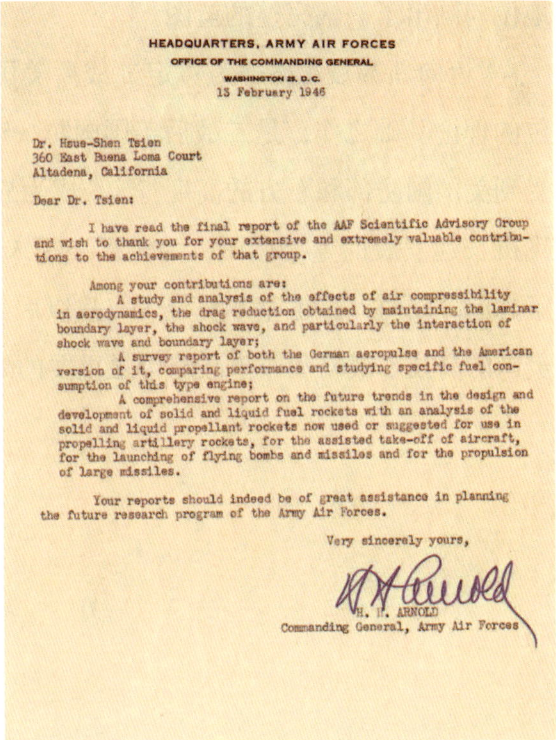
HEADQUARTERS, ARMY AIR FORCES
OFFICE OF THE COMMANDING GENERAL
WASHINGTON 25, D. C.
13 February 1946

Dr. Hsue-Shen Tsien
360 East Buena Loma Court
Altadena, California

Dear Dr. Tsien:

I have read the final report of the AAF Scientific Advisory Group and wish to thank you for your extensive and extremely valuable contributions to the achievements of that group.

Among your contributions are:

A study and analysis of the effects of air compressibility in aerodynamics, the drag reduction obtained by maintaining the laminar boundary layer, the shock wave, and particularly the interaction of shock wave and boundary layer;

A survey report of both the German aeropulse and the American version of it, comparing performance and studying specific fuel consumption of this type engine;

A comprehensive report on the future trends in the design and development of solid and liquid fuel rockets with an analysis of the solid and liquid propellant rockets now used or suggested for use in propelling artillery rockets, for the assisted take-off of aircraft, for the launching of flying bombs and missiles and for the propulsion of large missiles.

Your reports should indeed be of great assistance in planning the future research program of the Army Air Forces.

Very sincerely yours,

H. H. ARNOLD
Commanding General, Army Air Forces

美国国防部陆军航空兵司令阿诺德表彰钱学森的信件，表扬他在气体动力学、冲压喷气发动机与火箭等方面的杰出研究

在航空航天技术处于起步阶段的年代，这份报告对未来航空航天技术的发展提出展望和预言。报告指出，在不久的将来，军事科技和航空航天技术会有振奋人心的发展，超声速飞机将会成为现实，洲际弹道导弹可以具备冲出大气层高速飞行的能力，而核动力飞行也很有可能实现。《迈向新高度》为第二次世界大战后美国航空航天事业的飞速发展、成为世界第一军事强国奠定了坚实的理论基础，也为美国战后 70 年的全球霸主

地位勾画出了一幅完整的蓝图。

《迈向新高度》被誉为奠定二战后美国在航空史上领先地位的理论基础之作，是二战后美国国防战略的重要组成部分，受到美国国防部和军方的高度肯定，成为战后美国火箭、导弹、飞机长远发展的重要蓝图，为美国空军未来 50 年的发展指明了方向。同时，这也基本奠定了二战以后美国的国防战略，是美国的高技术战略和军事战略中最重要的战略计划。

第四章

离开美利坚

报效祖国，对如今很多人而言不过是一句装饰门面的豪言壮语。对于像钱学森这样从小立志科技救国，学成后毅然决然舍弃国外优厚的待遇与条件，不惜冒着生命危险，冲破重重阻力，回到条件艰苦的祖国，无怨无悔贡献自己聪明才智的科学家，却是信仰所系、使命所在。“高山仰止，景行行止”，他们的赤子之心、报国之情，永远值得后人景仰和学习。

第一节

没有买过保险

在美国已然功成名就、广受尊重的钱学森，在新中国成立之时，下定决心回到祖国，要为中国的建设和发展而奋斗。

有一次，钱学森在加州理工学院的同事、美籍乌克兰人威因鲍姆博士问钱学森，如果拿美国与中国相比，钱学森更爱哪个国家？钱学森表示，尽管美国是孕育现代科学知识的摇篮，也给他留下了诸多美好的回忆，但拿美国与中国比，他还是更爱中国。

钱学森的爱国思想，跟他父亲钱均夫的耳提面命有一定关系。父亲钱均夫常常告诉儿子：中国的和平统一一定会实现。如果这一天到了，钱学森和蒋英一定要回国，施展他的宏图大志，为国家服务。1949年，祖国不断传来令人振奋的消息，父亲写信告诉钱学森，解放军只用了半个月的时间，就把上海解放了。在上海，已经不再发生外国人侮辱中国人的事了，上海的面貌大大改变，整个中国的面貌也在大大改变。父亲还在信中写道："生命有根系，犹如树木，离不开养育他的一方水土。唯有扎根于其中，方能盛荣而不衰败。儿生命之根，当是养育汝之祖国。落叶归根，是报效养育之恩的典喻，望儿三思。"

钱学森与蒋英的结婚照

其实，早在1947年，钱学森回国探亲、与蒋英结婚的时候，他就想看看国内局势，准备回国。但是那时他所看到的却是政局动荡、官员腐败、物价飞涨、民不聊生，这让钱学森感到非常失望。他不想成为腐败政权的牺牲品，于是决定重返美国，等待合适时机。

钱学森是国共两党都希望得到的人才。

钱学森出身杭州名门望族，他的岳父蒋百里又是国民党高官，所以国民党方面把他看作“自己人”，以为蒋百里的女婿不可能投奔共产党。钱学森1947年回国期间，国民党方面就曾通过北京大学校长胡适、教育部长朱家骅、清华大学理学院院长叶企孙等做钱学森的工作，希望他站到国民党一边，跟着他们走，但钱学森不为所动。

这个时候，钱学森跟中国共产党的交往并不多。1948年，在中国共产党领导下，留美中国学生建立了“留美科技人员协会”。该协会的任务就是动员留美中国学生回国，为中国的建设贡献出自己的力量。罗沛霖便是该协会的积极分子，他也是“留美科技人员协会”加州理工学院分会的负责人。罗沛霖原名罗霈霖，在加州理工学院时，他与钱学森的学生郑哲敏住在同一公寓里。罗沛霖小钱学森两岁，1913年生于天津。他跟钱学森相似，也是名门望族之后。罗沛霖受中共党组织委派，到加州理工学院攻读博士学位。留学期间，他经常向钱学森等中国留学生讲述当时国内的新变化，动员大家回国。除此之外，与中共地下党组织有着密切联系的美国芝加哥大学副教授葛庭燧和中共党员、香港大学教师曹日昌还致信钱学森，转告他：已经解放了大半个中国的共产党“北方当局”欢迎他，动员他回国。钱学森一直珍藏着这封信，信是这样写的：

学森先生，听好几位留美的同学提到您，可惜我们没有见过面。近来国内的情形想您在美也知道得很清楚——全国解放在即，东北、华北早已安定下来了，国内正在积极恢复各种工业建设，航空工业也在起步。北方工业主管人久仰您的大名，只因通信不便，不能写信问候，特命我代为致意。如果您能够辞去在美国的工作，希望您能很快地回到国内来，领导东北或华北航空工业的建立。尊意如何，盼赐一函。一切旅程交通问题，我都可尽力襄助解决。

葛庭燧在向钱学森转交这封信时，写了一张便笺，这张便笺也被钱学森一并妥善保存，便笺内容如下：

如兄愿考虑近期内回国，则一切详情细节自能源源供给。据弟悉，北方当局对于一切技术的建设力量虚心从事，在为人民大众服务的大前提下，一切是有绝对自由的。以吾兄在学术上造诣之深及在国际上的声誉，如肯毅然回国，则将影响一切中国留美人士，造成早日返国效力建设之风气，其造福新中国者诚无限量。

可见，何去何从的问题，当时钱学森在心里已经做出了抉择。1993 年葛庭燧 80 寿辰时，钱学森向其表示祝贺，并表达永远也不会忘记葛庭燧引导自己回到祖国怀抱的恩情。

钱学森得知新中国即将成立的消息后，心情激动，马上着手为回国做准备。他退出美国国防部科学咨询团并辞去海军军械研究所顾问的职务。他清楚地知道，继续担任军方职务，将是自己回国的障碍。钱学森在美国念书、工作长达 20 年，但从来没想过要在那里待一辈子。在美国，一个人参加工作后，总要把他的一部分收入存入保险公司，以备晚年退休养老之用。曾经有人问钱学森买保险了没有，他表示一美元也不会买。问者无不觉得奇怪，因为他们不知道，钱学森根本就没打算在美国住一辈子。

1949 年，是 38 岁的钱学森在美国工作、生活最顺遂的一年。作为终身教授，他在麻省理工学院担负起空气动力学等课程的教学工作，他也受加州理工学院邀请到古根海姆喷气推进中心担任主任职务。钱学森不仅在应用数学和流体力学领域的研究卓有成就，在航空科学和火箭技术方面也颇有建树。

1949 年，也是中国历史的转折点。中国共产党领导的人民解放军势如破竹，横扫千军，辽沈战役、淮海战役、平津战役相继取得胜利，国民政府的军队节节败退。10 月 1 日，毛泽东以浓重的湖南口音发出庄严宣告：“中华人民共和国中央人民政府，今天成立了！”新中国诞生了！远在大洋彼岸的钱学森和妻子蒋英也即将迎接一个新生命的到来。他们决定等孩子生下来就一起回到祖国。

10 月 6 日，是新中国成立后的第一个中秋节。钱学森夫妇与同在加州理工学院的罗沛霖、庄逢甘等十几位中国留学生一起在校外的街心花园里聚会。举头望明月，低头思故乡。罗沛霖趁机向大家介绍了国内的最新变化，钱学森和留学生们都有些激动，盘算着该是回国效力的时候了。

不久，钱学森看到华罗庚 1950 年 2 月从美国回国抵达香港时发表的《致中国全体留美学生的公开信》，信中写道："1949 年的胜利，比一年前人们所预料的要大得多、快得多……'梁园虽好，非久居之乡'，归去来兮……为了抉择真理，我们应当回去；为了国家民族，我们应当回去；为了为人民服务，我们也应当回去；就是为了个人出路，也应当早日回去，建立我们工作的基础，为我们伟大祖国的建设和发展而奋斗！"钱学森读后为之震撼。

第二节

莫须有的“罪名”

1949 年前后的美国被“麦卡锡主义”恐怖氛围笼罩，一场声势浩大的反共、排外运动愈演愈烈。钱学森推荐到加州理工学院古根海姆航空实验室的威因鲍姆被查出是美国共产党员，随即正准备回国的钱学森也成为“麦卡锡主义”的迫害对象。1950 年 7 月，两名美国联邦调查局的工作人员来到钱学森的办公室，要求钱学森指证威因鲍姆是共产党员，钱学森驳斥了这些指控，钱学森的强硬态度使美国当局大为恼火。当局立刻吊销了钱学森从事机密研究工作的安全执照，并不准钱学森参与任何涉及军事机密的研究，移民局也要将他驱逐出境。钱学森不屑于解释和争辩。这更加坚定了他返回中国的决心。

钱学森收到研究许可证被吊销消息的当天，他的第一反应是从加州理工学院辞职，回到中国。加州理工学院工程系主任林德瓦尔博士对发生这样的事情感到惊诧，同样对钱学森做出回国的决定感到意外。林德瓦尔博士认为，钱学森应当留在美国继续进行科学研究工作，因为只有在这样的环境下他的能力才能得到最大程度的发挥；另一方面，他认为美国如果失去钱学森，将是整个美国科学界的损失。钱学森作为在美国享有很

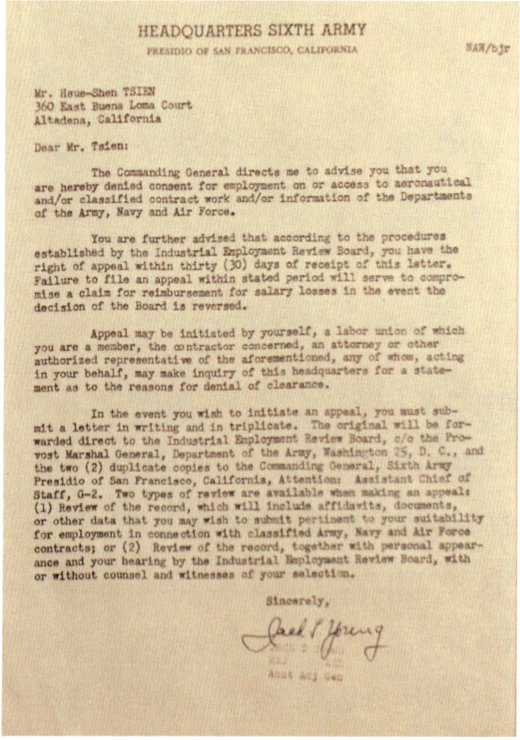

HEADQUARTERS SIXTH ARMY

PRESIDIO OF SAN FRANCISCO, CALIFORNIA

NAN/bjr

Mr. Hsue-Shen TSIEN
360 East Buena Loma Court
Altadena, California

Dear Mr. Tsien:

The Commanding General directs me to advise you that you are hereby denied consent for employment on or access to aeronautical and/or classified contract work and/or information of the Departments of the Army, Navy and Air Force.

You are further advised that according to the procedures established by the Industrial Employment Review Board, you have the right of appeal within thirty (30) days of receipt of this letter. Failure to file an appeal within stated period will serve to compromise a claim for reimbursement for salary losses in the event the decision of the Board is reversed.

Appeal may be initiated by yourself, a labor union of which you are a member, the contractor concerned, an attorney or other authorized representative of the aforementioned, any of whom, acting in your behalf, may make inquiry of this headquarters for a statement as to the reasons for denial of clearance.

In the event you wish to initiate an appeal, you must submit a letter in writing and in triplicate. The original will be forwarded direct to the Industrial Employment Review Board, c/o the Provost Marshal General, Department of the Army, Washington 25, D. C., and the two (2) duplicate copies to the Commanding General, Sixth Army Presidio of San Francisco, California, Attention: Assistant Chief of Staff, G-2. Two types of review are available when making an appeal: (1) Review of the record, which will include affidavits, documents, or other data that you may wish to submit pertinent to your suitability for employment in connection with classified Army, Navy and Air Force contracts; or (2) Review of the record, together with personal appearance and your hearing by the Industrial Employment Review Board, with or without counsel and witnesses of your selection.

Sincerely,

Jack P. Young

Asst Adj Gen

1950 年，美国军方吊销了钱学森从事机密研究的许可证

高声望的科学家，加州理工学院视若珍宝，林德瓦尔希望他能继续留在那里，服务于美国的航天事业。

加州理工学院院长杜布里奇提议钱学森去华盛顿见一下海军部次长丹尼尔·金贝尔。一方面，金贝尔是华盛顿军方级别比较高的官员，去华盛顿可以避开在洛杉矶可能遇到的麻烦；另一方面，金贝尔不仅是加州理工学院的朋友，钱学森也曾是在其领导下的美国海军部的高级科研人员，金贝尔欣赏钱学森的非凡才华。

1950 年 8 月 23 日，钱学森只身前往华盛顿，向金贝尔正式辞行。钱学森将一切情况都告诉了金贝尔，钱学森说：“他们已经拿走了我从事机密研究的许可证，我已经无法在学院里做许多我想做的事，我决定回到中国大陆。另外，父亲生病已经很久了，还一直没有看到两个孩子。”听到这里，对政治非常敏感的金贝尔异常惊讶。金贝尔不但完全了解钱学森的科学成就，更了解钱学森在军事上的价值。他力劝钱学森留在美国，甚至充满暗示地表示，要三思而后行。

钱学森离开后，金贝尔马上拿起电话，拨通了美国司法部，他表示：无论如何也不能让钱学森离开美国。他太有价值了，无论在什么地方，钱学森都顶得上五个海军陆战师！

其实，钱学森在决心回国时就将家中一切打包了八只大木箱送到海关，并买了 8 月 28 日出发的机票，托运公司也将行李运抵他们的仓库。此时的钱学森做好了归国前的一切准备。然而令他没想到的是，回国之路却变得异常漫长。1950 年 8 月 23 日，钱学森到达洛杉矶国际机场，甫抵机场，一位调查人员就向他出示了一份文件，内容令人震惊——不准离开美国。

钱学森归国的计划就这样被中断了，他只能返回加州。回到家，钱学森决定让蒋英和两个孩子先回中国。蒋英不愿意走，表示要同丈夫共同面对眼前的困难。钱学森从华盛顿返回后，没有收到有关行李的任何消息，只是有人联络他，要求他尽快取消预订的航班。钱学森正式向加拿大太平洋航空公司取消航班的当天，洛杉矶海关通过媒体宣布了他的行李被扣留的消息。《洛杉矶时报》发表了题为《机密资料被查扣——加州理工学院教授财产在海关被扣留》的报道：

> 船上装着的八大箱子秘密和绝密科学资料是加州理工学院教授钱学森试图运送到中国去的。昨天，政府官员对其提起了指控。美国政府宣布，稽查查获有密码的书籍、照片、草图、复印的底片、记录以及大批有关火箭研究的技术资料。

钱学森夫妇看到新闻感到震惊。

8 月 25 日，一些媒体记者纷纷涌向钱学森家中了解情况。钱学森就计划返回中国和随后发生的行李被扣事件发表了一份庄重的声明。声明称："我计划返回中国是因为我的父母在那里，有一个家庭问题需要我去处理。我已经安排了打包公司去为行李打包，并协办所有为海外运输所必需的法律手续。但周三晚上，我收到洛杉矶移民局的命令，不准我离开美国。在这之前，我的所有物资都已包装完毕，并准备托运。打包前，我仔细核对了我的个人物品，将涉密材料都剔除出来，并将它们锁在了我办公室抽屉里，然后将抽屉钥匙交给克拉克·米利肯（Clark Millikan）博士。据我所知，在我携带的资料中没有带有'内部'、'秘密'或者'绝密'字样。"

为了解钱学森所携带技术书籍、资料的分类以及打包等相关事宜，联邦调查局派员专门来到钱学森的工作单位，但调查结果令他们非常失望。8 月 31 日，联邦调查局人员塞缪尔·G.

1950 年，美国海关和联邦调查局人员在检查钱学森的行李

麦克尔道尼和罗杰 · S.C. 沃尔科特前往加州理工学院拜见古根海姆航空实验室主任罗伯特 · A. 米利肯（Robert A. Millikan）。罗伯特 · A. 米利肯表示，他并没有协助钱学森进行涉密资料与非涉密资料的甄别、分类，也没有参与接下来的打包工作。罗伯特 · A. 米利肯还说，在他个人看来，钱学森不会明知这是涉密资料还将其打包携带回国。恰恰相反，钱学森在收到三军部门禁止他接触秘密资料的通知后，主动将涉密资料锁在了古根海姆航空实验室的柜子里，并将存放涉密资料的文件柜钥匙交还实验室。联邦调查人员还向罗伯特 · A. 米利肯了解了钱学森的政治倾向和态度。罗伯特 · A. 米利肯说，钱学森从来没有表

现出对政治感兴趣，相反，他只对科学研究表现了浓厚的兴趣。

美国有关部门在9月6日前对钱学森所携带的资料进行了大量调查，调查结果显示，钱学森没有带走涉密资料的企图。钱学森作为世界著名的空气动力学家，美国军方其实担心的是，钱学森一旦回国，就会被美国的冷战对手苏联所利用，再加上金贝尔“绝对不允许钱学森离开美国”的指示，美国司法部加强了对钱学森的监视。

在一系列莫须有的罪名之下，美国洛杉矶移民归化局将钱学森拘留在特米诺岛拘留所中，该拘留所用于关押墨西哥非法移民。特米诺岛位于加利福尼亚州洛杉矶县，是洛杉矶港和长滩港之间的一个岛屿。此岛四面环海，人被关在岛上不容易逃跑。1918年，美国军方在那里建造了码头，并开辟了一条水道。在特米诺岛伸向太平洋的一面有片三角洲，被叫做“保留点”。1950年，美国有关部门在这片三角洲上修建了拘留所和灯塔等。

特米诺岛上的拘留所是一幢三层建筑，一层是行政中心，二、三层是移民局拘留所。这里被关押的大多是操着西班牙语的墨西哥偷渡者，他们被集中羁押在有一排排狭窄床铺的大房间里。钱学森并没有被关进拥挤的大房间，而是被单独关押在一间小屋里。

据曾前往特米诺岛看望钱学森的杜布里奇回忆，那里不是监狱，而是一个拘留所，钱学森有一个小隔间，里面有一张桌子、一盏灯和一张床。与墨西哥偷渡者相比，钱学森的拘禁条件稍微好一些，但是他所受到的折磨也是难以言状的。被拘留的头几天，他们不允许钱学森会见任何人，就连冯·卡门从巴黎打来的电话也遭到拒绝。钱学森被剥夺了睡眠的权利，夜里，守卫人员要拿着手电筒不时查看囚犯情形。一位中国留学生曾在移民局拘留所待过几个小时，他对此记忆犹新：守卫总是用手电筒直射他的眼睛，查看他“是否还活着，有没有采取自杀行动”。在钱学森被拘留的第 12 天，妻子蒋英终于见到了他，却发现他失语了——连话都说不出来。不难想象，钱学森在拘留期间所遭受的非人道对待使其身心受到重创，半个月瘦了近 30 斤。回国后，在《我在美国的遭遇》一文中钱学森这样描述那一段拘留生活：“关在里面的时候，不许和别人说话，晚上每十分钟有人开门扭开电灯看一看我有没有逃走，这样的生活不是正常的生活，而是一种迫害和虐待。”

钱学森被拘留后，真相被笼罩在层层迷雾之下。直到金贝尔亲自到洛杉矶协调钱学森案件，洛杉矶检察人员方才明白，金贝尔的意思并不是拘留钱学森，而是要阻止钱学森离开美国。

经过加州理工学院的朋友们的游说抗议和多方努力，钱学森最终被保释。但他必须购买 15000 美元的债券才能获准保释。

值得一提的是，这笔巨款是由钱学森一个美国学生的未婚妻捐助的。蒋英筹集钱款的时候，钱学森一位学生的未婚妻波琳·里德贝格·米勒斯说她愿意拿出这部分资金，以保释自己未婚夫的老师出拘留所。蒋英和米勒斯一同前往银行，将 15000 美元取出来。然后将这笔保释金送到加州理工学院工程系主任林德瓦尔那里。

9 月 23 日，移民局释放了钱学森。后来，钱学森谈到这 15000 美元保释金时，还半开玩笑地向新闻记者说："一般绑票的人开口勒索赎金也就是 1000~1500 美元，我还真为自己的不菲身价感到骄傲！"

钱学森遭拘禁期间，一些朋友在为他的身体状况担忧，例如他的朋友弗兰克・E. 马勃就曾跟远在法国巴黎的冯・卡门通信，为了避免让身心已经受到严重摧残的钱学森在司法部听证会上再因不实指控而受刺激并致不测，二人进行了仔细商讨。

尽管解除了拘禁，但钱学森仍受到软禁、监视，被限制不得离开洛杉矶，以备随时接受传讯，还必须每月到移民局登记。

钱学森被保释后，虽然仍然担任加州理工学院的教授，但钱学森没有人身自由，在美国羁绊达 5 年之久。任何活动都受到严格的限制，更不能从事涉密项目的研究。移民归化局举行了多次听证会，试图查清钱学森是否是共产党员。在一次听证会上，检察官突然询问钱学森忠于什么国家的政府。钱学森略做思考，回答说："我是中国人，当然忠于中国人民。所以我忠于对中国人民有好处的政府，也就敌视对中国人民有害的任何政府。"检察官后又追问："你现在要求回中国大陆，那么你会用你的知识去帮助共产党政权吗？"钱学森说："知识是我个人的财产，我有权决定要给谁就给谁。"检察官又说："那么你就不让政府来决定你所应当忠于的对象吗？"钱学森回答说："不，检察官先生，我忠于谁是要由我自己来决定。难道你的意愿都是美国政府为你决定的吗？”检察官狼狈不堪，美国记者则惊呼，被审讯的不是钱学森，而是检察官！

1953 年 1 月 28 日，美国司法部移民归化局致函钱学森，通知他必须在 2 月 4 日（周二）下午 13:30—15:30 到指定地点谈话。2 月 4 日，钱学森按照要求前往美国司法部驻洛杉矶办公室，他们就假释期间钱学森的活动作了明确规定。钱学森被要求每个月在指定日期的 8:30—16:45 之间亲自前往加州洛杉矶南斯普林大街 458 号，向负责移民和国际服务的官员报告情况。在定期向该局报告行踪的过程中，虽然有说不出的苦楚，但有件事却让钱学森感到一丝欢喜，那就是每一次去移民归化局，钱学森总会买一包咖啡回家。他风趣地表示，去移民归化局路上要经过一家咖啡店，这家小店出售的咖啡味道极佳，虽说去移民归化局是件极为恼人的事，但每次去都可以顺路买一包好咖啡，也算是一种补偿。

在遭软禁期间，钱学森一心钻研学问，只是与几个要好的朋友保持着联系与学术交往。这段时间，他的社会交往也大大减少。钱学森与蒋英经常在家里自娱自乐来排解心中的苦闷。钱学森吹西洋竖笛，蒋英就来弹吉他。有时候，他们会听听古典音乐，他们最喜欢贝多芬的第九交响曲和莫扎特的交响乐，从中汲取力量，寻找心灵的慰藉。为了一旦得到回国的允许就能马上动身，钱学森一家没有长期固定的住所，他的住房合同总是只签一年，到期就搬家。那些从海关退回的总重量达 800 千克的大木箱，钱学森再也没打开过，一直放在那里，以便能够回国时可以第一时间交船托运。

在这种艰难的情况下，钱学森将重心放在研究工作上，他探究的题目十分多样，例如，在时间延宕下的线性系统、火箭喷嘴的多种功能、长程火箭的自动导航系统、纯流体的特性、点火脱离卫星轨道、压缩快速加热的薄壁气缸的相似法则等。他曾经创下了连续 4 个月、每个月完成一篇论文的高产纪录，这在他的研究领域里是十分难得的成就。除了在此期间发表了多篇论文外，钱学森还开创了物理力学和工程控制论两大领域。

由于钱学森不能从事涉密课题研究，于是他将研究重点转到控制论上。在此之前，他没有研究过自动控制和自动调节理论，但他深知自动控制在生产过程自动化以及国防事业中的重要意义，而且它与电子计算机密切相关，于是钱学森就开始探索这方面的教学与研究工作。

谈到工程控制论的研究时，他在 1983 年写给北京师范大学物理系主任方福康的信中这样说：“不管它三七二十一，先在研究生班开课，自己是一面学一面讲，一面写讲义。讲了两次，心中有点数了，就着手写书。”钱学森还在写给另一位专家的信中说：“三十年代到四十年代，我搞过应用力学，那时我在一个航空系，其目的是改进飞机的性能。也是为了提高飞行器的速度，才转而搞火箭……导弹要自动控制，我又转而搞工程控制论。”在钱学森之前，就曾经有工程师和数学家研究过这个理论，但是他们的研究都有各自的局限：工程师偏重于解决手头的问题，不注重理论的概括；数学家偏重于理论的分析，不善于解决实际的问题。钱学森在研究中将这两方面的工作结合起来，加以全面论述，不但为这种技术奠定了基础，而且开拓了今后的研究方向。

钱学森把控制论运用到工程系统的控制之中，创立了新的学科——工程控制论。思想敏锐的钱学森运用控制学原理来解决火箭喷气技术中遇到的各种问题，从 1951 年到 1952 年，他陆续研究了火箭喷管的传递函数、远程火箭飞行器的自动制导以及火箭发动机燃烧稳定性的系统等，极大地丰富和发展了控制理论。钱学森凭借从弹道火箭到可控可制导火箭研制的丰富经验，很快用控制论的原理解决了一批喷气技术中稳定和制导系统的问题。1952 年 5 月 2 日，他在给老师冯·卡门的信中曾提到自己的预见：火箭载人旅行的那一天到来时，最大的问题是火箭的控制问题，在高速飞行中人工控制是不可能的，但计算机可以使火箭瞬间改变方向，不仅在火箭技术方面，而且在整个工程技术领域处处都需要控制系统，他坚信计算机很快将带来工程和工业效率的革命。

钱学森把他对于工程控制论的见解，用英文写成 30 多万字的《工程控制论》。这本书出版后，在学界引起了广泛关注，先后被翻译成俄文、德文、中文以及捷克文等。这本书既是钱学森着眼航天技术发展方向以及突破重要技术问题的努力，也是他不服输个性的展示，还是他理性克服眼前困境的证据。不断学习新知识、研究新问题，是一个科学家的求知秉性所致，也是为了归来更好地报效祖国。

在钱学森闭门研究并撰写学术论著期间，妻子蒋英则承担起全部的家务，蒋英说：“为了不使先生和孩子们发生意外，也不敢雇用保姆，一切家庭事务，包括照料孩子、买菜烧饭，都不得不由我自己来动手。那时候，完全没有条件考虑自己在音乐方面的钻研了。”钱学森的美国朋友弗兰克·E. 马勃夫妇会利用周末或者暑假，开车带着蒋英和两家的孩子们到附近的山区、沙漠地区游玩，放松身心。

第三节

外交斡旋

1955 年夏，为欢庆五一劳动节，北京举行盛大的游行集会活动。钱学森通过《中国画报》看到了庆典盛况，并惊喜地发现，天安门城楼上站在毛泽东身边的是全国人大副委员长陈叔通，他正是钱学森父亲钱均夫的老师，也是钱家多年的老友。激动、欣喜之余，钱学森与夫人商量，决心给陈叔通写信，把自己目前的境遇告诉他。信的全文如下：

叔通太老师先生：

自一九四七年九月拜别后久未通信，然自报章期刊上见到老先生为人民服务及努力的精神，使我们感动佩服！ 学森数年前认识错误，以致被美政府拘留，今已五年。无一日、一时、一刻不思归国参加伟大的建设高潮。然而世界情势上有更重要更迫急的问题等待解决，学森等个人们的处境是不能用来诉苦的。学森这几年中惟以在可能范围内努力思考学问，以备他日归国之用。

但是现在报纸上说中美有交换被拘留人之可能，而美方又说谎谓中国学生愿回国者皆已放回，我们不免焦急。我政府千万不可信他们的话，除去学森外，尚有多少同胞，欲归不得者。从学森所知者，即有郭永怀一家（Prof. Yong huai Kuo, Cornell University, Ithaca, N. Y.），其他尚不知道确实姓名。这些人不回来，美国人是不能释放的。当然我政府是明白的，美政府的说谎是骗不了的。然我们在长期等待解放，心急如火，惟恐错过机会，请老先生原谅，请政府原谅！附上纽约时报旧闻一节，为学森五年来在美之处境。

钱学森随信附了一份 1953 年 3 月 6 日《纽约时报》特别报道剪报。

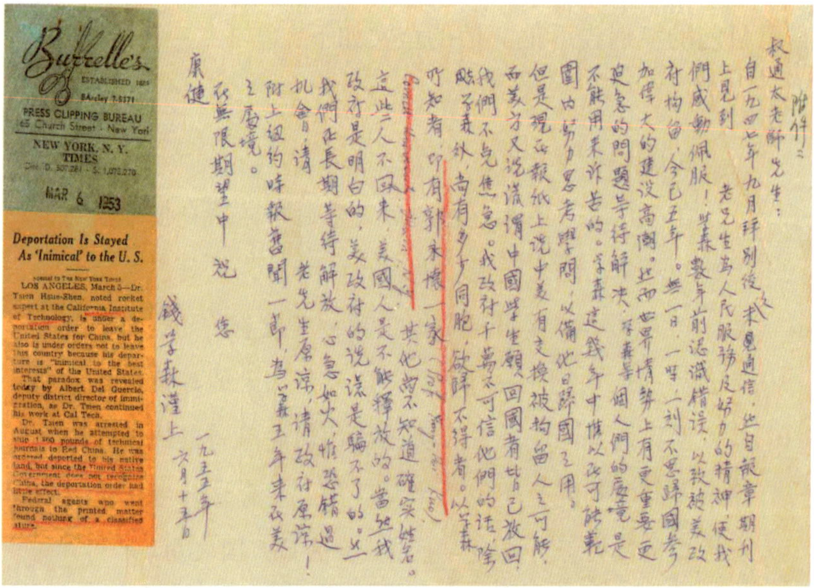
Burrelle's
ESTABLISHED 1888
BArclay 7-5371
PRESS CLIPPING BUREAU
165 Church Street · New York
NEW YORK, N. Y.
TIMES
MAR 6 1953

Deportation Is Stayed As 'Inimical' to the U. S.

Special to The New York Times

LOS ANGELES, March 5—Dr. Tsien Hsue-Shen, noted rocket expert at the California Institute of Technology, is under a deportation order to leave the United States for China, but he also is under orders not to leave this country because his departure is "inimical to the best interests" of the United States.

That paradox was revealed today by Albert Del Guercio, deputy district director of immigration, as Dr. Tsien continued his work at Cal Tech.

Dr. Tsien was arrested in August when he attempted to ship 1,800 pounds of technical journals to Red China. He was ordered deported to his native land, but since the United States Government does not recognize China, the deportation order had little effect.

Federal agents who went through the printed matter found nothing of a classified nature.

附件二

叔通太老師先生：

自一九四七年九月拜別後，未見通信，但自報章期刊上見到 老先生為人民服務及努力的精神，使我們感動佩服！學森數年前認識錯誤，以致被美政府拘留，今已五年。無一日、一時、一刻不思歸國參加偉大的建設高潮。近而世界情勢上有更重要更迫急的問題等待解決，學森等個人們的處境是不能用來訴苦的。學森這幾年中惟以所可能範圍內努力思考學問，以備他日歸國之用。但是現在報紙上說中美有交換被拘留人之可能，而美方又說謊謂中國學生願回國者皆已放回，我們不免焦急。我政府千萬不可信他們的話，除學森外，尚有多少同胞，欲歸不得者。從學森所知者，即有郭永懷一家（[illegible]），其他尚不知道確實姓名。這些人不回來，美國人是不能釋放的。當然我政府是明白的，美政府的說謊是騙不了的。然我們在長期等待解放，心急如火，惟恐錯過機會，請 老先生原諒，請政府原諒！附上紐約時報舊聞一節，為學森五年來在美之處境。

在無限期望中 祝 您
康健

錢學森謹上
一九五五年六月十五日

1955 年 6 月 15 日，钱学森给父亲的老师陈叔通写的求援信（原件存外交部档案馆）

钱学森当时并不知道陈叔通先生的通信地址，只能寄给当时在上海的父亲，请父亲代转。倘若从美国直接寄给父亲，风险很大，联邦调查局一定会拆检钱学森写给父亲的信，万一落到他们手中就麻烦了。信写好之后，他把它装在一个信封里，并在信封上写了上海家中的地址。然后把这封信夹在夫人蒋英寄给妹妹的信中，这样处理相对要安全一些。蒋英的妹妹蒋华当时侨居比利时，从美国寄往比利时的信，远没有寄往中国的信件那么容易引起注意。为了确保能够寄出这封信，钱学森每一个细节都注意到了：甚至用左手模仿儿童的笔迹。

接下来是如何避开特工把信投进邮筒，这也是“发射”链条中的重要一环。钱学森记得，在一家大商场里，有咖啡，也有邮筒。于是钱学森和蒋英来到那家商场，钱学森在门口等待，蒋英进入商场，男人不进入商场在美国很正常。如果有特工在后面跟踪，紧盯的当然是钱学森。钱学森站在商场门口，特工也就等在商场之外。蒋英走进商场，察看周围无人注意她，就悄悄而又敏捷地把信投进了商场设置的邮筒里。

这封信就这样躲过了联邦调查局无处不在的监视，安全到达比利时。蒋华收到信件之后，立即转寄给在上海的钱父，钱均夫又马上寄给陈叔通，陈叔通当即通过相关渠道转交周恩来总理。这一系列的转寄，都安全无误。

周恩来深知钱学森这封信的重要，钱学森写给陈叔通的信，恰好给中国政府的“营救行动”提供了有力的证据，周恩来随即进行了周密的部署。他通知外交部，派信使火速将钱学森的信交给王炳南大使，并指示要在谈判中，用这封信揭穿美国人的谎言。

其实，早在1954年的日内瓦会议期间，中美双方已就美国在华被押人员获释和中国在美留学生归国问题进行会谈。会谈促使美国开始重新审理此前不准离境的中国留学生的离境问题。6月17日，美国国务卿杜勒斯发电报给日内瓦美国代表团："……根据非正式的审查，国防部迄今只发现一个人不能离境，那就是钱学森。"后来，随着美国在华被俘人员的家人以及宗教界、报界和国会向美国国务院施加的要求其尽快解救被俘人员的压力与日俱增，美国艾森豪威尔总统亲自过问钱学森回国一事，在与美国国务院、司法部、国防部等部门多轮磋商后，最终就准许钱学森回国、并择机公布达成共识。

1955年8月1日中美大使级会谈正式开始举行。在中美大使级第一次会谈上，王炳南大使首先发言，他对美方代表尤·亚力克西斯·约翰逊说：

> 大使先生，在我们开始讨论之前，我奉命通知你下述消息：中国政府在7月31日按照中国的法律程序决定提前释放被俘的阿诺德、邦默（音）、施米特、柯巴、布克和布朗等11名美国飞行员和军人，他们已于7月31日离开北京，预计8月4日即可到达香港。我希望中国政府所采取的这一措施，能对我们的会谈起到积极的影响。

当美方获知中方在会谈前提前释放11名美国空军在押人

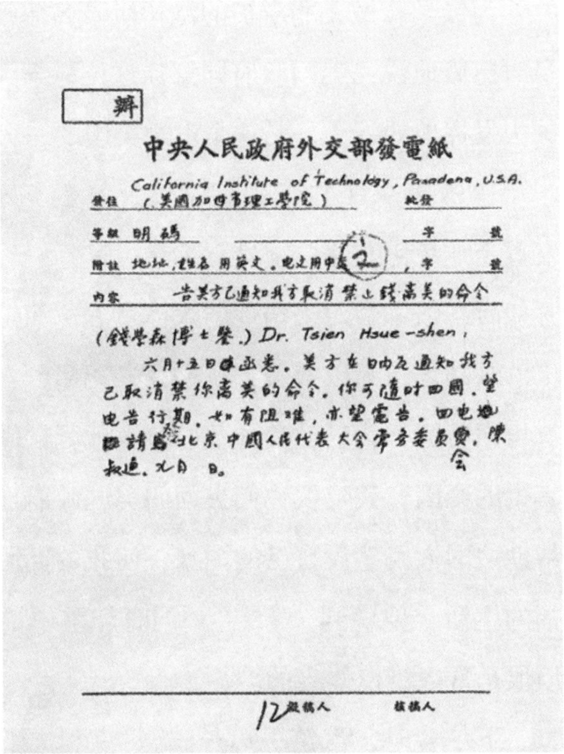

辦

中央人民政府外交部發電紙

發往 California Institute of Technology, Pasadena, U.S.A. (美國加州理工學院) 批發

等級 明碼 字 號

附註 地址，姓名用英文，电文用中文 字 號

內容 告美方已通知我方取消禁止钱离美的命令

(錢學森博士鑒.) Dr. Tsien Hsue-shen,

六月十五日來函悉。美方在日內瓦通知我方已取消禁你离美的命令。你可随时回國。望电告行期。如有阻难，亦望電告。回电地址請寄北京中國人民代表大会常务委員會，陳叔通。八月 日。

12 擬稿人 核稿人

1955 年，外交部电报通知钱学森，美国已解除对其离美的禁令，可随时回国

员时，8 月 3 日美国防部告知美国务院、司法部：可以公布准许钱学森回国的决定。8 月 5 日和 8 日钱学森本人、中美大使级会谈中方代表分别收到准许钱学森回国的通知。上个世纪五十年代末，周恩来总理曾经在一次会议上说，中美大使级会谈虽然至今没有取得实质性成果，但我们毕竟就两国侨民问题进行了具体的建设性接触，我们要回了一个钱学森，单就这件事说，会谈就是值得的、有价值的。

为钱学森做无罪辩护的洛杉矶著名律师库珀在获知这一消息时感慨地说：美国政府同意让这位科学天才回到共产主义中国去发挥他的智力，是这个世纪美国的一大遗憾啊！

1955 年 9 月 17 日，钱学森带着妻子蒋英和一对幼小的儿女登上“克利夫兰总统号”邮轮，踏上了返回祖国的旅途。临开船时，钱学森对采访他的媒体发表了简短的讲话，其间流露出的激动之情无以言表：我很高兴能回到自己的国家，我不打算再回美国，我已被美国政府刻意地延误了返回祖国的时间。其中的原因，我建议你们去问问美国政府。我打算竭尽努力去帮助中国人民建设自己的国家，使我的同胞能过上有尊严和幸福的生活。他说到“尊严”一词时加重了语气，内心的苦楚和愤恨是常人难以体会的。

下午 4 时，汽笛一声长鸣，“克利夫兰总统号”徐徐离开洛杉矶港口，向西驶向浩瀚的太平洋，高昂的船首劈开蔚蓝色的海面，卷起的团团水雾和浪花拍打在缓缓前进的船身上，发出阵阵清脆的轰鸣。船头甲板上已至不惑之年的钱学森面如皓月，气质儒雅，他不时眺望着远方，蒋英把头轻轻地靠在钱学森的肩膀上，对他说：“今天正好是我们结婚 8 周年的纪念日，这算是双喜临门吧。”

从 9 月中旬到 10 月初，“克利夫兰总统号”一路停靠过夏威夷、日本横滨和菲律宾马尼拉，钱学森一家为了安全没有登岸。1955 年 10 月 8 日黎明，轮船驶入香港海域，透过晨雾，钱学森渐渐看清了祖国的海岸线。天色放亮，轮船接近香港中

1955 年，钱学森一家乘“克利夫兰总统号”邮轮从美国回到中国

环码头。为了避免发生意外，中国政府通过设在香港的中国旅行社与港英当局联系，派一艘驳船把钱学森等一批科学家直接从邮轮接到驳船上。

驳船向北行至香港九龙，钱学森一行上岸后乘车从九龙抵达罗湖口岸，于当天 11 时 25 分到达深圳。

第五章

回归的那颗中国心

“学成归来，报效祖国。”这是一句人人皆可脱口而出的口号。但对钱学森而言，这是祖国的嘱托，也是历史的使命。作为世界著名的航空航天科学家，钱学森的后半生跟祖国的航天事业紧密地联系在一起，其生命价值和人生意义得到最大限度的延伸与实现。从新中国成立初期百废待兴开始，伴随着新中国各项事业的不断发展，中国航天事业也经历了从无到有、从小到大的发展。以钱学森为首的航天科学家为国家航空航天事业的发展作出了巨大贡献：为发展规划提供科学论证，组建研究机构，协调众多领域的科研机构开展合作研究，培养专业技术人才。筚路蓝缕之功，早已镌刻在新中国航天事业发展史上。

第一节

陈赓大将专机赴会

当初金贝尔说，钱学森一人“顶得上五个海军陆战师”，如今钱学森已经回国，怎么安排才能真正发挥他一人顶五个师的作用呢?

尽管归国路途充满坎坷，但刚刚返回中国的钱学森一刻也没有休息，接踵而至的接见、会友、宴会、参观、调研，从深圳、广州，到上海、杭州，再到北京，钱学森一路马不停蹄，没有一天不是处于回到祖国、见到故交的喜悦兴奋之中，也没有一天不是处于对建设社会主义的思考和忙碌之中。在美国学习、工作和生活多年的钱学森一回到中国就脱下穿了 20 多年的西装，换上了传统朴素的中山装。这位在外貌上看起来与国内普通人并无差异的中年人，从换上中山装的那一刻，就已经在内心将自己的整个人生完完全全地交给了新中国，交给了中国的航空航天事业。

到达北京后，钱学森立刻就开始对中国的社会主义建设情况进行走访、考察，为的就是尽快熟悉中国国情，以便开展下一步的工作。吴有训时任中国科学院副院长，建议他先去东三省看看中国的重工业情况，钱学森欣然接受了这个建议。中国科学院对钱学森东北之行非常重视，专门向国务院提出申请。国务院就此发特级电报给黑龙江、吉林、辽宁三省及有关城市，电报称："科学院提请允准新自美返国的我国著名科学家钱学森赴东北各有关厂矿、学校、研究所参观。按钱学森的专长是力学、自动控制、航空工程等，在了解我国建设情况及技术水平后将对他未来的研究工作有所帮助。"1955年11月22日，钱学森启程前往东北地区进行参观、访问。

钱学森在东北参观、访问期间，被陈赓大将"截获"，两人从此成为亲密的战友，一文一武，携手开创新中国的航天事业。

1952年，陈赓大将受命组建一所军事工程学院并担任院长，为我军培养现代化的军事人才。这就是中国人民解放军军事工程学院（后称哈尔滨军事工程学院，以下简称"哈军工"）。钱学森当时在国际上已久负盛名，陈赓早早就留意起了他。不仅是陈赓，中国军政各方都对钱学森这位国际著名科学家极为重视。尽管回国后钱学森名义上被委任为中国科学院新成立的力学研究所所长，而实际上，他的工作重心是领导中国火箭武器的研制。

钱学森抵达哈尔滨，在考察途中向陪同参观的中科院秘书朱兆祥提出请求，说自己有两位好友也在哈尔滨，希望这次能够见到他们。钱学森所说的两位老朋友就是罗时钧和庄逢甘，他俩都是钱学森在加州理工学院任教时的学生。朱兆祥事先已经预料到钱学森会想要去"哈军工"看望这两位好友，但问题

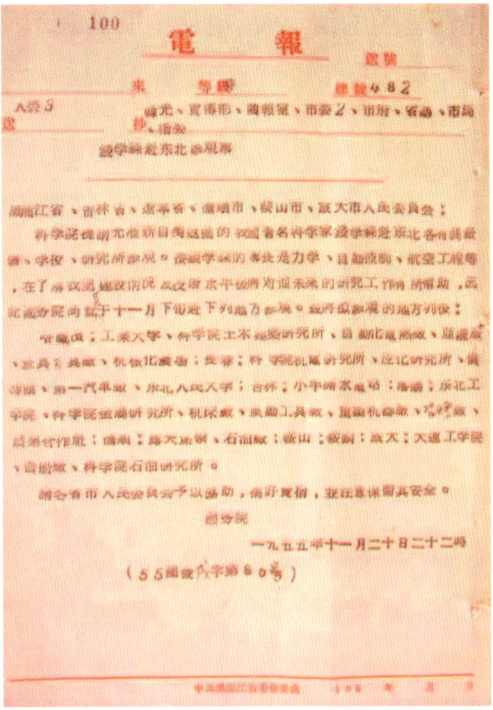
100
電報
国务院
一九五五年十一月二十日二十二時

1955 年 11 月 20 日，国务院就钱学森东北之行发东北三省相关机构的特级电报（原件存吉林省档案馆）

是这所军事院校保密要求极高，他实在无法做出决定，所以立即报告给陪同参观的中共黑龙江省委统战部部长。可是，中共黑龙江省委也无法做主，只好致电正在北京的陈赓大将，请求指示。

陈赓时任“哈军工”院长兼政委，同时也是中国人民解放军副总参谋长。其实，他在得知钱学森回国这个消息后，便一直想着要邀请钱学森到“哈军工”参观，为此还特地向国防部长彭德怀元帅建议：“如今我们也准备搞火箭，不如让钱学森同志去考察下，看看有没有不足之处。”因此，陈赓在接到黑龙江省委的请示时,电话中明确表示同意并欢迎钱学森参观“哈军工”。

11 月 25 日 8 点，钱学森一行人到了“哈军工”。

让钱学森感到意外的是，陈赓大将亲自来迎接他。前一天还在北京的陈赓怎会一大早就现身哈尔滨？在交通设施极其不便利的 1955 年，陈赓竟然为了迎接钱学森的来访，连夜乘坐专机赶往哈尔滨。陈赓知道，钱学森可顶五个师。

陈赓一见到钱学森，就心直口快地对他说：“我们军事工程学院是敞开大门欢迎钱学森先生的，对于钱先生来说，我们没有什么密可保。”陈赓的这一番肺腑之言,让钱学森十分感动。

钱学森在参观空军工程系时，如愿见到了好友罗时钧和庄逢甘。出乎钱学森预料的是，他还见到了老同学、老朋友梁守槃、马明德、岳劼毅等人。原来这些航空工程专家都是陈赓“挖”来的。钱学森又一次被陈赓重视科研人才、求贤若渴的真诚所感动。

下午参观炮兵工程系时，钱学森在那里第一次见到了任新民，后来任新民成了钱学森的得力助手。任新民向钱学森介绍了固体火箭点火试车试验，钱学森这才得知，中国已经开始着手研究火箭了，此时钱学森心中也有了底气，中国国防科技和工业基础虽然极为薄弱，但已具备研制导弹的“星星之火”。

钱学森对陈赓说：“任教授是你们的火箭专家，今天有幸认识了他！”陈赓马上抓住这一话题，问钱学森：“钱先生，你看我们中国人能不能搞导弹？”钱学森不假思索地回答道：

“为什么不能搞？外国人能搞的，中国人同样能搞。难道中国人比外国人矮一截？”一番话说得陈赓将军豪气顿起，大笑道：“钱先生，我就要你这句话！”陈赓专程从北京赶来，就是想要听钱学森的这句话。彭德怀跟陈赓有个约定，如果钱学森说导弹可以搞，陈赓就可以着手搞，如果钱学森说不可以搞，那就只能等，等条件具备的时候再搞。两位久经沙场、从枪林弹雨中走出来的军人十分清楚世界上最先进、最具杀伤力的武器装备对于军队、对于国家的价值与意义。

参观结束后，陈赓在哈尔滨大和旅馆最好的包房里举行了一个小型的晚宴，专门宴请钱学森。出席宴会的都是中国人民解放军军事工程学院与航空、火箭领域相关的专家教授，罗时钧和庄逢甘出席作陪。席间，师生畅叙别离之情，也谈了不少有关导弹的问题。考虑到这次宴会谈话内容涉及高度国防机密，陈赓连中共黑龙江省委统战部部长都没有邀请。

钱学森告诉陈赓，按照他的估计，中国如果着手研制射程为300~500千米的短程火箭，弹体及燃料用两年时间可望解决，但关键问题是自动控制技术。相对于火箭而言，研制导弹的工作量80%都在于自动控制技术。钱学森的这席话让陈赓心里有了底，他兴奋地说，中国一定要搞自己的火箭、自己的导弹。他还表示，“哈军工”将全力以赴，要人出人，要物出物。“钱先生只要开口，我们义不容辞！”

可以说，中国“导弹”的起点，就始于哈尔滨大和旅馆陈赓与钱学森长谈的那个夜晚。钱学森在回忆往事时，也说过这样一番话:“我回国搞导弹,第一个跟我说这件事的是陈赓大将,陈赓是创建中国火箭、导弹事业的一位关键人物,为中国的火箭、导弹事业发展发挥重要作用,功不可没。”

钱学森回国后被任命的第一个职务是中国科学院力学研究所所长,但是不久就又被委任为新中国第一个导弹研究院院长。这样一个国际著名的大科学家,在未来的半个多世纪中,在中国航空航天领域一片空白的背景下,通过自己“手把手”教学教出了一大批导弹事业、航天事业的后继人才,带领中国的航空航天事业从无到有、从小到大,走出了一条自力更生、自主创新、自我超越的发展之路。钱学森是当之无愧的“中国航天之父”“火箭之王”。

第二节
“钱学森旋风”

1956 年是第一个科技发展远景规划的开局之年，这一年中共中央发出“向科学进军”的号召。

陈赓在哈尔滨军事工程学院接待完钱学森后，便返回北京向彭德怀汇报工作，转达了钱学森为祖国建设导弹事业的态度和信心。彭德怀听完汇报后也很激动，希望能够尽快见到钱学森。

1955 年 12 月 26 日，在陈赓陪同下，病中的彭德怀在北京医院的病房里会见了钱学森。彭德怀和陈赓一样，对中国火箭武器的发展非常重视。彭德怀开门见山跟钱学森讨论研制导弹的相关事宜，他说：“我们是社会主义国家，不会去打人家。但我们一定要把部队用新式武器装备起来，若人家打过来，我们也要有还手之力。我们能否先搞出一种短程导弹，比如说射程 500 千米的，需要什么条件，你估计多长时间能造出来？”钱学森在认真思考后说：“搞导弹不是一件容易的事，需要一支搞研究和设计的队伍，需要一些地面设施和全国各有关部门的支持。而时间嘛，有 5 年的时间我想是可以的。”

双方就这个问题讨论许久，谈得很投机，彭德怀非常高兴，因为这让他看到了中国导弹事业的希望。彭德怀对钱学森说：

“好，钱先生，有你这些话我们就放心了。中国的国防现代化就靠你们这些知识分子了。”他又向钱学森请教了许多有关导弹的知识，钱学森也回答了彭德怀关心的关键问题，彭德怀听后十分兴奋，对钱学森说道：“听君一席话，胜读十年书，很长见识啊！”彭德怀又转向陈赓说:“我们军队不能老是土八路，也要学点洋玩艺儿，你安排钱先生给我们高级干部讲讲课，让他们也开开眼界，长长见识。”彭德怀的指示是让陈赓安排邀请钱学森给军队高级干部讲课，让军队高层指挥员知道导弹是怎么回事，为什么我们解放军一定要用导弹武装起来。

正是有了彭德怀的这个指示，才有接下来钱学森在给高级将领讲课中呼吁成立“火箭军”之事。在陈赓的大力推动下，钱学森与军方的关系日益密切,北京军队高层出现了“导弹热”。陈赓前往中国科学院，正式代表国防部邀请钱学森讲课，钱学森的归国，在解放军中刮起了“钱学森旋风”“导弹旋风”。

1956 年 1 月，在陈赓安排下，钱学森在北京积水潭总政文工团排练场连续三场讲解关于导弹武器的知识，引起中国人民解放军高级将领对导弹的极大兴趣。当时很多人都还不知道导弹为何物，身经百战的贺龙、陈毅、聂荣臻、叶剑英等元帅都争相听课，做起了钱学森的学生。钱学森授课规格之高以及所受重视程度，由此可见一斑。

在开讲当日，钱学森早早来到会场。在聂荣臻走进会场后，叶剑英便迎上去说：聂老总，你也来欢迎钱大博士……聂荣臻看到钱学森后，便握着钱学森的手说：“听说学森同志来讲课，我给这位科学家当学生来了！”陈毅元帅到场后，给了钱学森一个拥抱。对于陈毅的热情，钱学森有点不知所措，陈赓给他介绍，陈毅元帅是外交部部长。对于众元帅的热情，钱学森连忙说道：“你们这些领导太客气了，新中国全靠你们打的江山……”众元帅对钱学森说：“今天我们都是来拜你为师的，还请你好好给我们讲解下，火箭、导弹到底是什么东西！”新中国十大元帅，一下子就到了三位，场面之壮观、气氛之热烈，不难想见。

钱学森讲课时，在黑板上写下“火箭军”三个字。他说：“这‘火箭军’也就是导弹部队，是一支不同于现有的陆、海、空三军的新型部队，是一支能够远距离、高准确度命中目标的部队，是现代化战争中极其重要的后起之秀。”

关于这次报告，时任总参作战部空军处参谋、后来担任过第二炮兵司令员的李旭阁有更生动的记忆：他被处长叫进办公室，递给他一张入场券，说：“下午三点总政排演场有个秘密报告，规格很高，你去听听！”

北京城一片雪白。李旭阁骑自行车去听报告，从中南海到新街口总政排演场大厅路并不远。他匆匆步入会场，环顾左右，已经座无虚席。令他吃惊的是，在座的几乎都是清一色的将军，他们都是总部和驻京军兵种的领导，许多人他都熟悉。主席台上，摆着国防部副部长陈赓的桌签。满堂高级将领，唯有他一个人年纪最轻，职务也最低，少校军衔。刚刚落座，开课电铃就响了。陈赓率先走出来，身后跟着一位穿中山装的学者。两人坐下，陈赓介绍说，这位就是刚刚归国的钱学森，世界上大名鼎鼎的空气动力学家，今天由他给大家讲世界上最先进的尖端武器——导弹。顿时，全场掌声雷动。

钱学森站起来鞠了一躬，然后走至黑板前，挥笔写了一行字：关于导弹武器知识的概述。李旭阁在崭新的笔记本上记下这一行字，这是他第一次听到关于世界上最尖端武器的介绍。他聚精会神地听，一丝不苟地记，什么导弹的结构、用途，美国、苏联导弹发展现状等等。钱学森饶有意味的一番话深深印在他心里："中国人完全有能力，自力更生制造出自己的火箭。我建议中央军委，成立一个新的军种，名字可以叫'火箭军'，就是装备火箭的部队。"

后来，钱学森又于1960年3月22—23日在高等军事学院讲授火箭和原子能的应用，李旭阁再次前往听课，钱学森每一次深入浅出、引人入胜的讲解，都给他留下了深刻的印象。

钱学森后来谈起这次讲座：

> 美国的科研人员要争取基金会的经费支持，就要参加董事会的会议，向董事们做10到15分钟的讲解，在限定的时间内把他要报告的事情讲清楚，要不他就得不到经费。这就是一个社会要求，也是一种压力。所以在美国，中学里就有辩论会，培养人的口才。
>
> 我举一个例子，我在美国加州理工学院研究超声速问题的时候，有一次系里来了一位官员，是美国国会议员，管这方面事的，他问超声速是怎么回事啊。我的老师

冯·卡门是很会作科普宣传的,他先不说什么,把国会议员带到他的澡盆边,放上水,用手在水面上划。划得很慢很慢,水波就散开了,于是告诉他这是因为手划得比水波慢,像亚声速;他又划得很快,水波就成尖形两边散开,这就像超声速。这位国会议员说他懂了,其实也没完全懂,只是这个意思他大致上明白了。这就是一个怎么让不懂的人懂的形象例子。

我回国后发现中国的科技人员这方面的能力比较差,往往是讲了十几分钟还没到正题,扯得老远,有些简直就让人听不懂,不会用形象、通俗易懂的语言表达好专业科学知识。从前,我问一些听科学报告的党政干部,他们就常常说没听懂,他们欢迎我去讲,说听我讲能懂得差不多。我回到祖国接受搞导弹的任务后,在积水潭总政文工团的排练场作报告,讲高速飞行问题,当时陈赓大将和许多军队高级将领都在座。讲完以后有一个人对我说,他这次算听懂一点了。要求科技工作者对不在行、不懂行的人介绍自己的工作,我觉得是很需要的。这其中的道理其实很简单:科学技术很重要,要大家都懂,都重视,就需要科普。

不久,钱学森又受周恩来总理的邀请,在中南海怀仁堂向党和国家领导人作“导弹概论”讲座。在听众之中,有中共中央书记处书记,有国务院的副总理和部长们。这一回的规格更高了。

第三节

亲自编写火箭教材

钱学森归国前，中国的航天领域是一张白纸：航天理论空白、航天专业技术人才空白。钱学森归国后，国家为发展航天事业，培养航天人才，开设了导弹技术培训班。就在这支千挑万选出的精英队伍中，不仅没有人真正见过导弹，就连导弹到底是何物都没听说过。

1960 年的夏天，北京火车站迎来了一批批全国各地名牌大学的应届毕业生。这些毕业生都经过了严格的审查和挑选，他们来到北京，只知道是去一个国防单位工作，却不知道具体做什么。当年的学员陈奇妙回忆，他和其他 5 位毕业生手持通知单一出站，就被在站外等候的工作人员用三轮车接到位于北京西郊的一所医院里，接收他们的单位正是国防部第五研究院（以下简称“国防部五院”），由回国不久的钱学森为他们讲授《导弹概论》。

令钱学森感到意外的是，这些新报到的大学生和几十名教授专家竟然都没有见过导弹，甚至绝大多数人不知导弹为何物。面对这样一批毫无导弹专业知识的学员，钱学森这个世界级的大科学家开始当起了导弹“扫盲班”老师。

让我们来听听当年学员们记忆里的钱学森给他们讲课的具体情况：

学员许荣昌回忆说，能不能听懂钱学森讲课，是当时学员们到北京后最担心的问题。当然，他们的担心，在钱学森讲授的第一堂课上就被彻底打消了。学员梅相岩还记得，第一讲是“为什么要导弹”，钱学森借着飞机能飞的原理讲授飞行器的基本原理，从二战时德国的 V-2 火箭轰炸伦敦讲起，把火箭、导弹的基本概念讲得清清楚楚的；同时也使大家明白，一个国家有没有导弹大不一样，国防实力是要靠高科技支撑的。学员张文杰回忆说，钱学森在讲课中对我们说：“苏联能搞导弹，我们为什么不能干？”这句话给这些听课前还忐忑不安的大学生们以很大的鼓舞和信心，使大家获益终身，很多人从此献身中国的航天事业，成为中国航天事业的第一批业务骨干。

1956 年 9 月从部队调到国防部五院的李文梓、李伟回忆说：“我们到国防部五院之前只听说过‘炮弹’，从没听说过‘导弹’，是钱院长给我们讲课，一手把我们带出来的。当时，钱院长和其他专家的授课持续了 3 个月，大课是在 466 医院的食堂里进行的；而小课则是由钱院长在医院的小会议室里讲授的。由于当时没有图纸，大家就根据钱院长讲授的知识来认识导弹。我们原本认为洲际导弹特别神秘，但在听了钱院长的课后茅塞顿开，原来其中的奥秘是大导弹顶着中导弹再顶着小导弹，一级一级地飞，直到击中目标。”

国防部五院没有大教室，当年钱学森讲大课时，曾借用过附近中央团校的小礼堂。学员们还记得钱学森给大家讲课时的情景：上穿蓝布棉袄，下穿蓝布棉裤，脚踩棉鞋，头上戴着一顶20世纪50年代初期流行的棉帽子。钱学森深入浅出的授课方式，让听课的人茅塞顿开。大家认真地听课，生怕漏掉一个公式、一个概念。对学员而言，听他的课是学习，更是一种享受。从弹道式导弹到飞航式导弹，从总体设计到分系统布局，钱学森循循善诱，讲解透彻到位，同时还与学员保持互动，课堂气氛十分活跃。

钱学森不仅自己带头讲课，还请其他相关专家教授一齐上阵参与导弹“扫盲”，他亲自拟定了空气动力学、发动机、弹体结构、自动控制、电子线路、计算机等有关专业的授课计划：请梁守槃讲授“火箭发动机”，庄逢甘讲授“空气动力学”，史超礼讲授“航空概论”，朱正讲授“制导理论”。在仿制苏联导弹时，钱学森还举办了导弹技术训练班，一边讲课一边结合具体工作，组织大家开展讨论，使理论和实践相辅相成。

据钱学森的儿子钱永刚回忆，在开办导弹“扫盲班”时，由于当时特定的国内环境，父亲钱学森手写的讲稿《导弹概论》被定为秘密文件，只油印了极少几本，由于内容涉密，学员们听课的笔记必须交给保密人员进行严格的保密管理。因此，尽管《导弹概论》在几代中国航天人中口口相传、影响很大，但是真正见到手稿的人并不多，更是很少有人保存这份教材和笔记，《导弹概论》也成为中国航天领域中的传奇教材。到了中国航天事业创建50周年之际，钱学森的这部手稿——《导弹概

钱学森所著的《星际航行概论》由科学出版社于1963年出版

论》才公开出版发行，世人才得以看到这本中国航天传奇的开山之作。这部101页的手稿写在不同的稿纸上，前三讲是用红格稿纸写的，第四讲改成了蓝格稿纸，中间还夹着中国科学院力学所的信纸。看得出，这是钱学森边写边讲的，稿纸上还有许多手绘的示意图和摘录的国外资料。出版社在编辑加工之前，担心这部讲稿会有前后不连贯、文字不通顺等情况，可是在编辑过程中发现，讲稿文字严谨、逻辑性强，基本不需要修改润色。

钱学森在讲完“导弹概论”课程以后，又于1961年9月至1962年1月为中国科技大学力学系1958级、1959级学生主讲了“火箭技术概论”。当时授课的讲义也是钱学森亲笔撰写的，后经助教雷见辉、喻显果协助整理，于1963年2月正式出版，出版时更名为《星际航行概论》。从1956年至1961年，钱学森在繁忙的工作中利用各种场合讲授“导弹概论”“星际航行概论”等课程多达百次，在此期间，在国防部五院工作的科技人员和中国科技大学力学系的学生，绝大多数都听过他的课。从钱学森的导弹、火箭“扫盲班”里走出了一大批中国航天事业的精英骨干，他们中的很多人日后成为导弹、火箭、卫星、飞船等领域的领军人物。

20世纪50年代，新中国建立之初国民经济落后，国力贫弱，重工业和国防工业所需资源巨大，国内财政吃紧。航空与导弹的关系，有如孟子所说的鱼和熊掌不可得兼，只能作二中取一的抉择。国防部五院刚成立，人才奇缺、资金困难，科研实验室数量几乎为零，要在这样一个一穷二白的状态下发展导弹，筚路蓝缕，艰辛可想而知。

事实上，中国政府高层对于导弹研制的看法是有不同意见的。早在1956年4月，《1956—1967年科学技术发展远景规划纲要》制定时就曾发生过一场争论：在条件有限的情况下，新中国是优先发展飞机制造业，还是优先研制导弹。

当时，导弹在国人心目中还是个模糊的概念，大多数人不知道它是什么。但是，军事将领们对刚刚结束的朝鲜战争记忆犹新，对飞机在战争中发挥的重要作用也有着深刻的认识。因此，一些工业部门和军事部门的领导干部提出，在中国未来发展的规划中应重点发展飞机制造业，以增强中国的空防能力。空军司令员刘亚楼就主张先发展飞机制造业。在刘亚楼看来，优先发展飞机制造业、掌握制空权是当务之急，朝鲜战争就是他的证据。他甚至拿出了美军统帅李奇微的反面“证词”：“要不是我们拥有强大的火力，经常可以得到近距离的空中支援，并且牢牢地控制着海域，中国人可能早已把我们打垮了。”像刘亚楼一样，持这种意见的人不在少数。

钱学森的态度非常鲜明，他提出了优先研制导弹的主张。钱学森是沿着美国航空航天历史轨迹走过来的人，他深谙世界各国的发展历程，他自己也曾说过：“从航空的历史来看，导弹是 50 多年来飞机发展的必然结果。”

1956 年 2 月 4 日，周恩来会见钱学森。这是钱学森回国后，周恩来第一次会见他——尽管这次会见并不正式。会谈的主题当然是火箭。周恩来指示钱学森，尽快起草一份关于发展中国火箭事业的报告，提交中央审议。2 月 17 日，钱学森向周恩来提交了《建立我国国防航空工业的意见书》。这个意见书要解决的是一个重大战略问题：中国到底是要优先发展导弹还是要优先发展飞机？

3 月 14 日，周恩来主持召开军委扩大会议，钱学森与新中国的将帅们展开了讨论，中心议题就是：为什么中国要选择优先发展火箭导弹而不是飞机？钱学森给出了令人信服的回答。

钱学森经过慎重的反复考虑和严谨的科学论证后，对中国该不该优先发展、能不能独立发展火箭、导弹技术等问题，做出了他的判断。钱学森回国伊始就考察了东北工业基地，从当时的国情来看，他认为中国短期内不可能在发展飞机制造业上取得快速突破。第一，美苏等拥有飞机制造能力的国家几乎都是在汽车工业的基础上发展航空工业的，而中国在1956年前还没有一辆自己制造的汽车；第二，关于飞机的可靠性、安全性问题也需要经过长时间的技术攻关才能解决，同时还要考虑到飞行员、地勤及空勤等人员要素；第三，一代战斗机的研制周期，发达国家是10年，而形成武器列装到部队要15年。发达国家尚且如此，中国工业薄弱，能设计却不能生产，大量的仪器仪表、电子元器件和配套的雷达等必备条件，都难以保证。

更为重要的是从战略博弈的角度分析，发展导弹是战略取胜的捷径。要想在短时间内接近或赶上世界先进水平，就必须抓住主要矛盾，从有利的方向上取得突破。中国当时的首要任务是如何不挨打，其次才是如何还击敌人。从这个角度看，无论是防御还是攻击，导弹都具有优势。第一，导弹的速度比飞机快，用导弹打飞机一打一个准，而用飞机打导弹则很难打得到；第二，导弹的飞行距离比飞机远，飞机的飞行距离很受限制，朝鲜战场上苏联援助中国的米格-15飞机作战性能非常优越，但它的作战半径只有300千米，飞不到“三八线”就得返航，而在第二次世界大战时，德国研制的V-2火箭从荷兰飞越英吉利海峡轰炸英国，射程就达到了300多千米；第三，从技术上看，导弹技术并不比飞机更难，但研制进度会快得多。飞机有人驾驶并需要反复使用，各部件都必须过关才能保证安全，导弹就不同了，它自动寻找目标，而且是一次性使用，即使我们工业落后，不能确保每个部件都是最好的，但根据系统工程原理，把一般的部件组合起来，同样能达到很好的效果。所以，导弹与飞机相比，需要解决的问题相对容易很多。

主管国防科技的聂荣臻元帅主持起草了《关于十二年内我国科学对国防需要的研究项目的初步意见》，其中对航空工业的发展方向做出了明确的选择：“现在使用的喷气歼击机似已是最后一代，喷气轰炸机当其达到超声速时，亦是最后一代。因此，在我国科学技术人才极缺，水平极低的情况下，不宜将过多的精力、资源投入到对飞机的改进研究工作中，而应采取依照苏联进行生产的办法解决军队今后的装备需要……今后空中斗争的研究方向应首先集中仅有的技术力量用于火箭、导弹方面的研究和制造。”很明显，《意见》吸收了钱学森的意见。

钱学森通过鞭辟入里的分析，终于结束了争论，优先发展导弹技术的思想被大家所接受，导弹最终被列为中国“十二年规划”中的6项紧急措施之一。事实证明，这一战略决策是完全正确的，并且产生了深远的影响。

第四节

我们更有底气了

1956 年 1 月 30 日至 2 月 7 日，中国人民政治协商会议第二届全国委员会第二次全体会议在北京召开。会议新增补 119 名委员，钱学森名列其中。从 2 月 1 日起，毛泽东主席在怀仁堂分批宴请全国政协委员。钱学森来到怀仁堂宴会厅发现自己的名字被安排在第一桌，在毛主席的身边。

毛主席诚挚地对钱学森说："听说美国人把你当成五个师呢！我看呀，对我们说来，你比五个师的力量大多啦！"接着谈道：新生的、最有生命力的东西，总是在同旧的、衰亡着的东西的斗争中生长起来的。毛主席的一番话，给了刚回国三个月的钱学森以巨大的启示。

1959 年 7 月 10 日，钱学森给上海机电设计院党委书记艾丁发了一封公函。根据当时中国的形势和国防部五院的技术进展情况，钱学森对上海机电设计院的发展方向提出了明确建议：把上海机电设计院改组为一个设计和试验小型探空火箭的单位。火箭发动机的推力在 3 吨以下，使用一般推进剂，不搞复杂的控制系统。现有的人力物力基本可以胜任，不需要国家投入大量的技术力量，很快就会有成果。这既服务于国民经济建设，又可成为国防部五院的补充力量。

8 月 4 日，上海机电设计院向国家科委和中国科学院呈报了《关于加强上海机电设计院发展探空火箭的计划任务书》，提出 1960 年以试验一两种难度较小的探空火箭作为中心任务，设计目标是推力为 3 吨的 T-7 探空火箭（后来主火箭的推力改为 1.3 吨）。作为“练兵箭”，当年内首先研制尺寸约为 T-7 火箭 1/2、质量为 1/6 的模型火箭 T-7M。

1959 年 9 月以后，设计院一边继续加工 T-5 火箭，一边研制 T-7M 火箭。经过全院技术人员和有关协作厂的共同努力，到 1959 年底，T-5 火箭加工完成了一套完整的发动机和 1/3 段火箭结构。T-7M 火箭从 9 月份开始规划和设计，10 月份筹建小试车台、拟定发射方案，12 月 27 日就进行了发动机首次点火试车，前后不到 3 个月。

实际上，T-7M 火箭也不是“好啃的骨头”。为了计算一条弹道，初出茅庐的航天技术人员硬是夜以继日地干了 2 个月，没有电子计算机，就用手摇计算器，或者干脆扒拉算盘珠子，验算用过的纸堆得比桌子还高；为了保证火箭发动机启动安全，要用爆破薄膜作启动阀，而这种薄膜的铣削深度公差不能超过 0.005 毫米，依照当时的机械加工水平，这是根本做不到的，两名年轻的女科技人员只得手工操作，一个小小的膜片历时一个半月，做了近千次试验，终于达到了设计要求；没有控制火箭头体分离的定时钟表结构，技术人员花了 7 元钱买来一只小台钟，改装后经过多次试验证明可以替代定时钟表结构；点火装置需要起爆器，他们将手电筒小电珠的玻璃敲碎，取出灯丝、裹上硝化棉，自己动手加工完成；当时急需一个发动机系统试验的场地，新建又来不及，最后选中设计院内一个厕所门前几平方米的露天地，技术人员们在露天地上搭起了液流试验台，而厕所则改装成了测试室；主发动机研制出来后，到哪里去试车呢？他们四处寻觅，发现国民党当年在上海市郊修筑了许多碉堡，于是选中江湾机场一座废弃的地下碉堡，作为设计院热试车的场所。火箭发动机热试台就建在碉堡夹道里，碉堡内部成了测试和观察室……

就这样，仅仅几个月的时间，由液体推进剂主火箭和固体推进剂助推器串联起来的两级无控制火箭 T-7M 奇迹般地诞生了。

1960 年 2 月 19 日，在上海南汇县一个叫老港的滩涂地，建起了一个看似用自来水管焊接而成的发射架。简易发射场上，中国自行设计制造的第一枚液体推进剂火箭 T-7M 静静竖立在发射架上，隔着一道蜿蜒的小河是用芦席围起来的“发电站”，里面一台借来的 50 千瓦发电机正在轰响。“指挥所”是用麻袋堆积而成的，里面既没有步话机也没有电话，指挥得靠扯着嗓子大声喊，并借助挥舞手势。自动跟踪火箭的仪器也没有，技术人员自己制造的人工跟踪天线是靠几个人用手把旋转。最危险的加注开始了，在没有专用加注设备的情况下，研制人员用自行车打气筒一下一下地把推进剂压进贮箱中。

16 时 47 分，T-7M 001 号火箭在发动机喷射出的滚滚浓烟中随着刺眼的白光直冲云霄，火箭首次发射成功，飞行高度约2千米。这是中国自行研制的液体燃料火箭技术取得的第一个具有工程实践意义的成果。4月17日，T-7M 002号火箭发射也获得成功。随后，T-7M 003号再次发射成功，003号火箭采用爆炸螺栓使头体分离，再用降落伞成功地进行了箭体首次回收，取得了重要的试验数据。

4月18日，钱学森陪同聂荣臻、张劲夫以及上海市委刘述周等领导，在乍暖还寒的连绵春雨中，赶到江湾火箭发动机试车台。他们一个个弯腰钻进了破败不堪的碉堡，观看在碉堡外进行的T-7M火箭主发动机热试车。杨南生弓着腰站在前面探视试车现场，聂荣臻、张劲夫和钱学森站在他身后，为了安全，钱学森摆手示意，让身后的人员尽量往后靠。试车成功了！领导们看到设计院的同志在如此简陋的条件下创造的奇迹，交口称赞“了不起”！

4月29日，一个云开日出的艳阳天。发射现场的工作人员一大早就从地铺上起身，经过几个小时忙而不乱的战斗，发射工作一切井井有条。T-7M 004号火箭静候在发射架上，20米高的导轨像一座天梯直指苍穹，只等一声令下，火箭将沿着导轨冲向蓝天。下午3时许，钱学森陪同张劲夫等领导来到老港发射场的发射指挥所前，满脸笑容地与在场的年轻技术人员一一握手。在场的年轻人大多是第一次见到这位仰慕已久的科学家和顶头上司，喜悦之情难以言表。4时20分，一阵白烟和轰鸣声过后，火箭向天空飞去。40秒后，白色的降落伞带着数据舱徐徐下坠。这次飞行试验，发射和回收都取得了圆满成功。

5 月 28 日晚 7 时半，毛泽东在杨尚昆和柯庆施等陪同下，来到在上海延安西路 200 号的新技术展览室，视察了 T-7M 火箭展品。这位新中国的开创者弯下身子仔细观看银灰色的火箭，当听到这是在没有苏联专家、没有相关资料的情况下，完全依靠自己的专家设计研制而成时，毛泽东连声称好，并询问火箭可飞多高，当听到火箭可以飞 8 公里时，他用抑扬顿挫的湖南话豪迈地说："8 公里那也了不起。应该 8 公里、20 公里、200 公里地搞上去！"

1964 年 10 月 16 日，中国第一颗原子弹试爆成功！

毛泽东特别高兴。12 月 26 日是毛泽东的生日，一向反对为自己过生日的他，打破常规，设宴邀请宾客，共同庆祝。宴会在喜庆的气氛中开始。毛泽东笑着说："今天，请各位来叙一叙，主要是因为我们的原子弹爆炸了，我们的导弹试验成功了，我们中国人在世界上说话，更有底气了！"

第六章

导弹腾空而起

有人说，挨打未必是因为军事上落后。但军事上落后，一定不是大国之福。清朝后期，我们遭受过多少列强的坚船利炮，苦难深重，教训十分沉痛。陈毅元帅“当了裤子也要造原子弹”的名言，至少不失为一种志气、一种倔强、一种作为。钱学森虽然很长时间里都没有穿军装——直到做了国防科工委副主任才穿上军装，但毫无疑问，他是科学界的血性男儿、报国勇士！

第一节

仿制苏联导弹

1956 年 4 月 13 日，国务院做出决定：成立一个秘密部门——航空工业委员会（简称“航委”，即后来的国防科委、解放军总装备部的前身），直属国防部。聂荣臻为主任，黄克诚、赵尔陆为副主任，刘亚楼、钱学森等为委员。这一部门的成立，标志着中国导弹事业迈出了重要的一步。同年 10 月 8 日，主管国防工业的聂荣臻郑重宣布：中国第一个导弹技术研究机构——国防部五院正式成立了！这一天也成了中国航天事业诞生的标志。国防部五院的第一任院长由钱学森担任，全面负责中国导弹航天工程的顶层设计和组织实施，开始了中国导弹航天事业的创业历程。在成立仪式上，钱学森说：“这是一个宏伟的、具有远大前途的事业，投身这个事业是光荣的！”

中央为国防部五院制定了“自力更生为主，力争外援为辅”的建院方针。建院之初，中国航天事业的开拓者面临着巨大的困难，他们在艰难中奋争，先后组建了导弹总体、空气动力、发动机、弹体结构、推进剂、控制系统、控制元件、无线电、计算机、技术物理 10 个研究室，并确定从地地弹道式导弹、地空导弹和无人驾驶飞机三个方面入手开展研制工作。

1956年8月，为了缩短中国导弹技术起步阶段的摸索过程，国务院副总理李富春致函苏联部长会议主席布尔加宁，希望苏联政府在建立和发展导弹制造事业方面给予中国全面援助。苏联同意援助中国2枚教学弹：P-1导弹及其配套设备。1957年9月7日，以聂荣臻为团长的中国政府代表团赴苏，就新技术援助问题同苏联政府代表团进行了谈判，钱学森同苏方专家就导弹问题进行了深入细致的讨论。10月15日，聂荣臻和别尔乌辛分别代表两国政府签署了《中华人民共和国政府和苏维埃社会主义共和国联盟关于生产新式武器和军事技术装备以及在中国建立综合性的原子能工业的协定》，简称《国防新技术协定》。协定的主要内容是，苏方在1957—1961年底除了提供两枚教学用的P-1模型导弹以外，还提供P-2导弹样品和有关技术资料；派遣技术专家帮助中国进行仿制，并提供导弹仿制和发射基地的工程设计；在原先接收50名导弹专业留学生的基础上增加名额。

1957年12月的一个冬夜，从中苏边境的满洲里车站开来一列军列。这趟编号为23770次的军列满载着苏军一个缩编的导弹营，其中包含两枚苏制P-2地地导弹主要技术装备，以及102位来华执教的苏军官兵。当时的保密措施极其严格缜密，交接仪式在当天深夜举行。苏方代表宣布，卸装将是给中国同志上的第一堂课。苏军官兵操作技能娴熟到位，但卸载大型装备并非预想的那般顺利。苏式导弹采用大掀盖式自备车，需要从顶部一块块吊下拼装的顶板和侧板，由于有些沟槽已经老化变形，大都需要费一番周折才能拆卸下来。好在中国炮兵教导大队借用的 8 吨大吊车颇为争气，从导弹起吊、转载到运输入库皆有条不紊，快捷高效。

由于设计图纸和工艺资料尚未到达，当务之急便是分解导弹结构，测绘出所有零部件的尺寸，以供生产部门仿制。拆卸一个结构复杂的导弹绝非易事，从弹体、发动机到每一个螺钉、垫圈都被细心地拆下包装，做好记号拿去测绘。很快，工厂就加工出一大批零部件。然而，等到年底，苏方的图纸运抵后一对照才发现，靠简单测绘生产出来的产品与尖端科技产品的技术与质量要求差距太大，先前自制的零部件大部分必须返修或者作废。

两枚 P-2 导弹中的一枚，是供教学用的解剖弹，另一枚则是训练弹。导弹全长 17.7 米，最大直径 1.65 米，起飞重量 20.5 吨，射程 590 千米。它是 1950 年苏联在德制 V-2 火箭的基础上加以改进生产出的初级地地近程弹道导弹，运至中国前已被苏军淘汰。因为就在同意向中国提供 P-2 导弹的 1957 年，苏联已经研制成功了射程为 8000 千米的 P-7 型洲际弹道导弹。

1958 年 1 月，国防部五院一分院提出了研制工作要点，要求全体人员必须尽快学习掌握 P-2 导弹的全部资料，做好第一枚仿制导弹生产的准备工作。于是，钱学森等专家制定了“导弹之路”的三个步骤，即：先仿制，后改进，再设计。仿制的 P-2 导弹命名为“1059”导弹，计划在 1959 年 9 月之前完成，争取在 10 月国庆节期间试射，向新中国成立 10 周年献上一份大礼。

尽管 P-2 导弹已是苏联退役的型号，但对经济底子薄、科学技术落后的中国，仿制工作还是困难重重。一是图纸资料不全；二是原材料品种规格不全，缺料很多；三是设备问题；四是工厂技术力量薄弱，在仿制中出现了不少“拦路虎”。1959 年 10 月，预定目标并没有完成。同年 12 月，聂荣臻两次听取了国防部五院工作汇报，强调加速仿制和研制工作，支持科学家们的工作，减少他们的事务，特别点名要求减少钱学森等专家的行政事务。

然而，1958 年“长波电台”“联合舰队”“炮击金门”三大事件导致中苏同盟关系产生裂痕，并很快影响到专家援助政策。1960 年 6 月在布加勒斯特举行的社会主义国家共产党和工人党代表会议上，赫鲁晓夫作总结发言时突然提出苏联专家在华得不到尊重，所提的建议不被采纳，并且遭受批评等。他本想迫使中共“低头认错”，结果阿尔巴尼亚站在中国政府一边，令赫鲁晓夫无比尴尬。于是，他决定以撤退专家的办法来“惩罚中国人”。就在“1059”导弹经历万难即将进行总装的时候，一切援助戛然而止。在国防部五院工作的苏联专家全部奉命回国并在撤退时带走了全部图纸和资料，使中国的导弹研制工作陷入了停滞的困境，许多项目的设备由于没有专业技术人员，陷入“半拉子”的工程状态。

聂荣臻下达的任务是：要抢时间、争速度，在苏联的态度发生根本变化、整个国际形势对中国发生极为不利的扭转之前，迅速组建中国“两弹”独立研究、制造、试验的体系，尽快把第一枚仿制导弹完整搞出来，使之成为国家和军队的中流砥柱。

为了牢记使命，航天人毅然把“1059”作为自己第一项独立完成的任务代号。经过艰苦的奋战，仿制工作不断取得突破性进展：国产酒精和液氧两种发动机推进剂研制成功，打破了苏联专家“中国推进剂不合格”的断言；国产发动机成功进行了 90 秒典型试车，无须再向苏联订货。

苏联专家撤走后，毛泽东听取李富春汇报时，以他惯有的幽默说：“要下决心搞尖端技术，赫鲁晓夫不给我们尖端技术，极好。如果给了，这个账是很难还的。”聂荣臻在国防部五院高级知识分子和科技人员参加的会议上，用拳头擂着桌子说：“逼上梁山，自己干吧！靠别人靠不住，也靠不起。党中央寄希望于中国自己的专家！”聂荣臻指示国防部五院：一定要争口气，依靠我们自己的专家，仿制 P-2 导弹决不能动摇，无论如何要搞出来。国防部五院党委也向中央军委立下了军令状：我们坚决贯彻中央和主席的指示，自力更生，发愤图强，埋头苦干，把中国自己的导弹和试验设备设计出来，用中国材料制造出来，搞成的时间要比有苏联专家帮助的时候更快。

令人意想不到的是，在一个极为关键的地方遇到了一个几乎不可能解决的问题。苏方提供的相关技术资料中缺少火箭发动机试车台的技术图纸和相关信息，如果没有发动机试车台，“1059”导弹只能“搁浅”。钱学森找到苏方专家，结果得到的答复却是：发动机试车台技术图纸是机密，等研制好发动机后再运到苏联去试验。如此一来，不光赶不上原计划发射导弹的时间，而且在技术上也会处处受制于苏联，无形中给将来的自主研发带来巨大的困难。好在天无绝人之路，在关键时刻，一位苏联专家挺身而出，表示愿意帮助中国同行。这位苏联专家名叫施尼亚金，是当时苏方导弹发动机工厂的总工程师，他作为苏方专家，不得不听命于国内的要求拒绝提供发动机试车台的技术图纸，但是他却身体力行帮助中国直接设计和研制新的发动机试车台，这也并不违反他接到的命令。经过 3 个多月的努力，中国专家在施尼亚金的帮助下，顺利地完成了发动机试车台的研制。与此同时，“1059”导弹的仿制计划也在有条不紊地进行，并最终在 1960 年 11 月 5 日试验成功。虽然只迈出了“三个步骤”中的第一步，但对中国的导弹历史来说是一大步，这一步完成了从 0 到 1 的巨大飞跃。

苏方撤回援华的技术专家，施尼亚金在回到苏联后也不幸受到了严厉的处分。1993 年，90 岁高龄的施尼亚金再次来到中国时，受到了中国人民的热烈欢迎。在施尼亚金看望那些曾经在一起工作的老朋友时，他感受到了中国在导弹和航空航天领域取得的斐然成果。施尼亚金十分坚定地表示，当年为了友谊帮助中国完成发动机试车台的研制，是一个极其正确的决定。即便是受到了处分他也在所不惜。科学家有国籍，科学没有国界。

第二节

“1059”告捷

随着仿制工作的不断推进，钱学森提出，在研制导弹的同时要着手规划靶场建设。钱学森代表国防部五院提出了《关于建设靶场和试验的规划（草案）》报告。

1957 年 8 月 31 日，总参谋部在北京召开有炮兵、空军和国防部五院等有关单位负责人参加的会议，对国防部五院提出的报告进行认真研究，并决定成立靶场筹建委员会。接着，又成立了导弹试验靶场勘察队，这支队伍由时任解放军总军械部部长兼解放军炮兵学院院长陈锡联任队长，由钱学森、苏联专家组负责人盖杜柯夫、中国人民志愿军第 20 兵团副司令员孙继先和各总部及各军兵种相关人员共计 50 余人组成。

1958 年 1 月 18 日，经过大规模的空中勘察，开会分析、比较和讨论，最后确定把额济纳地区作为导弹综合试验靶场。接着，勘察队又登上飞机赴新疆，连续勘察了库尔勒地区和阿克苏地区，综合考虑交通运输、通信联络等因素。2 月 14 日，中央军委副主席彭德怀主持会议，会议听取了陈锡联、钱学森和盖杜柯夫等人的汇报，最终确定：导弹综合试验靶场建在甘肃省酒泉市，取名酒泉导弹试验基地，弹着区选择在甘肃西部和新疆南部地区。

1960 年 5 月，钱学森来到基地，指导与“1059”导弹有关的地面测试和发射准备等各项工作，全面考核了该发射基地的各项工程设备。接着就组织国产“1059”导弹的首次飞行试验。在国防部五院党委会议上，聂荣臻指示选派得力的党委成员负责运送和组织发射中国自制的第一枚导弹。钱学森提名由国防部五院科学技术部部长耿青担此大任，他对耿青说：“耿青同志，你是兼通人才，同志们都很信任你，请你勇敢地挑起这个重担吧！”经党委讨论后一致决定：由耿青负责押运中国自制的第一枚地地导弹“1059”到发射基地并具体指挥发射工作。

1960 年 10 月 23 日凌晨，耿青乘坐载着两枚“1059”导弹的专列，驶向酒泉导弹试验场。27 号夜里，经过长途运输，“1059”导弹顺利运抵导弹靶场，押运负责人耿青才松了一口气。从 28 日开始，“1059”导弹进入各单元的综合调试阶段，一切都为 11 月 5 日的发射做着周密的准备。11 月 3 日中午，“1059”导弹测试完成后被竖立到了发射架上并开始加注燃料。

偏偏在这节骨眼儿上出了问题！推进剂燃料有两样，一样是酒精，一样是液氧。加注酒精时一切正常，但加注液氧时，技术人员发现弹体凹进去了一大块，迎着阳光看特别明显。于是，技术人员立马停止加注液氧，第一时间向钱学森汇报。钱学森立即赶到导弹发射现场，穿上防护服，踩着梯子爬到导弹上的凹陷处进行观察。几分钟之后，钱学森下到地面对大家解释了一番：因为液氧温度极低，加注之后导致弹体内的温度骤降，所以内外就产生了气压差，使弹体凹陷，只要继续加注，等到气压稳定了就不会有凹陷现象。听完钱学森的解释，大家心里的石头也就落了地。

1960 年 11 月 5 日，酒泉发射中心天气晴好。凝聚着中国人民自力更生精神和顽强意志的“争气弹”——“1059”竖立在酒泉试验场。早上 6 点，聂荣臻和钱学森来到发射现场。发射场灯火通明，操作人员在导弹周围三种不同高度的操作台上，有条不紊地作发射前最后的检查。

上午 9 时，随着倒计时的口令发出，工作人员按下按钮，中国自己仿制的第一枚近程导弹“1059”点火起飞，直冲云霄！导弹在制导系统的控制下，迅速向目标点飞去。9 时 10 分 5 秒传来消息，“1059”导弹飞行正常，命中 550 千米之外的目标预定区。中国第一枚导弹发射圆满成功！

当晚的庆祝酒会上，聂荣臻发表讲话：“在祖国的地平线上第一次飞起中国自己制造的导弹，这是毛泽东思想的胜利，是工人、干部以及解放军指战员辛勤劳动的结果，这也是我军装备史上一个重要的转折点。”

从苏联专家全部撤走之日算起，这是第 83 天。短短的 83 天，漫长的 83 天！

“1059”导弹取名为“东风一号”。同年 12 月 6 日、16 日，中国又分别成功试射了第二枚“1059”战斗弹和第三枚“1059”遥测弹，均获成功。“1059”导弹的实践表明，在技术力量和工业基础还十分薄弱的情况下，从仿制入手摸索经验，是发展

1960 年 11 月 5 日，代号为“1059”的地地导弹发射成功，后来“1059”导弹更名为“东风一号”导弹

中国国防尖端科学技术的一条重要途径。“1059”导弹成功发射标志着中国导弹研制仿制阶段的结束。从此，中国的导弹研制正式迈进了自行设计的新阶段。

第三节

失败乃成功之母

苏联专家撤走后，中国人明白一切都得靠自己，自主设计才是未来的发展之路。

关于自行设计的模式，主要有两种意见：一种主张跨大步，直接搞中程导弹；另一种主张第一步迈小一点，先搞中近程导弹。整个国防部五院就此展开了激烈的讨论。

钱学森认为，自行设计与仿制完全不同，技术问题更多，而且每一层都需要自己来解决，步子跨得太大，欲速则不达。最后，国防部五院确定，在缺乏独立研制经验、研制条件还不完全具备的情况下，迈小步比较现实，应充分利用“1059”导弹的仿制成果，尽快研制出射程达到1200千米左右的中近程导弹，以积累自行设计的经验。当时明确需要改进之处主要有三项：（1）提高发动机的推力和比冲，液氧贮箱改为单层薄壁结构；（2）尾段由钢结构改为铝合金结构；（3）采用小三角尾翼。这一设计方案是在“东风一号”导弹的基础上研制射程扩大一倍的中近程地对地导弹。

真是“按下葫芦浮起瓢”，技术问题刚得到明确，经济问题、观念问题却又冒出来了。

新中国成立不久，百废待兴，发展航天和导弹事业，捉襟见肘，殊非易事。三年经济困难时期，严重的粮食短缺问题波及全国人民生产生活的方方面面，人民的副食品供应几乎中断。为了度过困难，毛泽东给自己降低饮食标准——不再吃最爱吃的红烧肉，周恩来戒了茶，邓小平戒了烟。由于食物紧缺，参加导弹建设的科研人员和基地参试部队也受到影响，导弹研制人员普遍出现营养不良、体质虚弱现象，饥饿使很多人难以支撑正常的工作和生活，有人甚至得了浮肿病。有的科研人员吃不饱，就冲一碗酱油汤，喝一点黄糖水，有条件的含一颗蜜枣。在当时，蜜枣是特别珍贵的食物，人们舍不得吃，就像宝贝一样含着。上楼两手扶栏杆、厕所蹲坑两眼冒金星就是当时的真实写照。

国家领导人爱惜人才，作出令人感动的安排：

为了保证一线科研人员能够吃饱，聂荣臻以个人名义节省出一批副食品支援航天科研攻关，得到了全国全军的热烈响应。中央专门协调海军及北京、广州、济南、沈阳等大军区以副食品支援搞航天的国防部五院，送来猪、鱼、大豆等。聂荣臻特批给一线科研人员每人每天二两黄豆，这在当时连基地司令员、政委都难得享用。“科技粮”和“科技肉”成了那个时代特有的名词。1962 年春节，周恩来、陈毅代表国务院在人民大会堂宴请 1000 多名科研专家，坐在周恩来身边的分别是负责导弹研制工作的钱学森和负责原子弹研制工作的钱三强。中央领导人以这样的方式为研制国防尖端技术的优秀儿女们补充营养。

面对巨大的人力、物力资源耗费问题，国内出现了一场尖端国防科技科研攻关是否应该“下马”的争论。“下马”方认为，没有了苏联的援助，仅靠自己的力量难以完成技术难度很大的“两弹”，不如把钱用在经济建设上；“上马”方认为，拥有一批爱国的科学家是成功研制“两弹”最重要的基础，且当时已经具备了一定技术基础，不能放弃。在北戴河召开的国防工业委员会工作会议上，两种意见针锋相对，互不相让，双方经常吵得脸红脖子粗。这场讨论很快进入了中央最高决策层。1961年夏天，毛泽东打电话给聂荣臻，要求他对此问题进行论证，供决策参考。聂荣臻很快便向中央呈送了《导弹、原子弹应坚持攻关的报告》。

聂荣臻坚决主张“上马”，认为“两弹”攻关如逆水行舟，不进则退。钱学森也是坚定的“上马派”，他默默地在技术上支持着聂荣臻的“上马”决策和信心。聂荣臻给中央的报告中，多次表示：要变压力为动力，变气愤为发愤，集中全国力量，立足国内，突破两弹技术。最后，毛泽东下定决心，要求对尖端武器的研制工作仍应抓紧进行。在全国范围内的经济困难时期，与其他战线基本建设大幅度压缩、在建项目纷纷“下马”的形势相反，导弹研制基地的建设却是红红火火。经过几年的艰苦奋战，建成一批大型厂房、若干高精尖试验室，初步形成了一个较为完整配套的导弹研制基地。

在聂荣臻的支持下，“东风二号”导弹的研制工作得以继续进行。为了达到“东风二号”导弹的目标射程，科技人员把发动机和燃料箱加大，导弹弹体也相应变长。但以当时掌握的有限知识和仿制经验，一些难以察觉的技术隐患也存在于最初的设计方案当中。

1962 年 3 月 21 日，中国自主研制的第一枚“东风二号”导弹在茫茫戈壁进行首次飞行试验，聂荣臻亲自到现场观摩。导弹刚发射升空，就像喝醉了酒似的摇摇晃晃，头部冒着白烟，继而垂直坠毁在距离发射台只有 300 米的地方。伴随着一声巨响，100 多米高的蘑菇云腾空而起，地面被砸出一个深 4 米、直径 22 米的焦黑的大坑。整个过程，只有 69 秒。面对突如其来的打击，发射基地的人员全都惊呆了：有人两眼发直，木木地望着天空；有人趴在地上把头埋在沙子里，许久没有抬起来；更多的人在失声痛哭，泪湿衣襟。谁也没有想到，这颗历时两年、集中全国力量研发的导弹，第一次发射竟然失败了！

发射失败的第二天，钱学森和王秉璋带着北京的设计人员，乘专机赶赴发射现场，组织大家排查和分析故障，冷静、理性地总结经验教训。

天寒地冻的大漠，钱学森带领大家捡拾残骸碎片，大家像筛沙子一样，把能找到的残骸一一从现场的沙坑里挖出来，再把这些残骸按照原来的结构拼凑起来，摆放在发射场平地上分析研究。钱学森鼓励大家不要有过多的压力，不要怕承担失败的责任。在让科研人员重新振奋的同时，他把压力扛在了自己肩上。在事故现场工作了 10 天后，钱学森回到了北京，直接向聂荣臻汇报。钱学森向聂荣臻提出，自己是总负责人，没有干好，对不起国家。聂荣臻安慰钱学森说：科学试验允许失败。同时指示各级干部，不要追查责任，重要的是找出失败的原因，以利再战。对于查出故障原因的人，还要给予奖励。“我们现在被困难重重包围，一定要杀出一条血路。”这是钱学森的心声。

在钱学森的指挥下，各分系统研究室负责人把技术人员召集起来，组成了故障分析小组，进行故障分析和故障复现试验工作。为了找到失败的原因，钱学森在干燥、酷热、缺水的戈壁滩上反复考察。为了改进“东风二号”导弹的设计，几乎每个星期天，钱学森家里都会召开家庭“神仙会”，召集大家进行故障分析。这是钱学森在美国师从冯·卡门时养成的学术探讨习惯。这种会一次讨论一个专题，先由一个人做主题发言，大约讲半个小时，然后大家展开讨论，最后主持人用一刻钟的时间进行小结。在中国导弹和航天研究发展初期，许多重要的发展规划和技术设想，就是在这个小小的客厅里产生了初稿，很多重大技术问题也是在这思想火花的碰撞中迎刃而解的。

国防部五院导弹控制系统研究室副主任梁思礼回忆说，故障分析期间，钱学森对他所在的二分院一部提出，要“杀出一条血路”。钱学森在故障分析的三个月中，几乎每个星期都要到梁思礼那里去一次，或听取汇报，或商量技术问题，或视察大家工作。很快，控制问题就解决了。根据钱学森的要求，在二分院总工程师蔡金涛等领导下，科研人员开展了双补偿纵向制导方案、横向坐标转换导引方案、提高精度的陀螺仪等预研工作，并很快取得了可喜的成果。钱学森在故障分析中一再强调的“把故障消灭在地面”，成为中国航天事业发展的一条重要原则。

在“东风二号”导弹研制过程中，钱学森的“系统工程”思想发挥了统筹全局的作用。钱学森认为，我们在仿制中并没吃透和消化近程导弹所采用的每个技术方案和要求，也没有完全掌握导弹设计规范和方法，更没有把导弹作为一个系统来认识。从这个意义上来讲，失败虽然让大家支付了一笔学费，但也使科研人员悟出了仿制中难以悟出来的道理。有时候，失败的教训比成功更重要。

故障分析小组对“东风二号”导弹首次飞行试验失败从工程技术、科学管理和思想作风等方面作了全面深入的分析和总结，在长达 67 页纸的故障结论报告中，分析得出发射失败最主要的问题是俗称的“扁担效应”。所谓“扁担效应”，就是为了满足飞行距离，贮箱要增加推进剂，导弹直径不变而长度加长，这种细长比例引起弹体弹性振动，耦合共振加剧了导弹解体。吸取了教训的航天人振奋精神，决心再战。为了完善试验设施，聂荣臻亲自找到北京市市长彭真，要求他派出高水平的工程队，抢建了全弹地面试车台等一系列大型设施。一次失败的发射，却换来了更坚实的基础工程设施，换来了一支更加成熟的航天科研队伍。

1964 年 6 月 29 日，重新设计的“东风二号”导弹再次运往酒泉发射场。

这一次，出现了一个有惊无险的意外现象。由于天气炎热，

准备发射的“东风二号”导弹

导弹的燃料箱突然无法容纳预定加注的推进剂。没有燃料，导弹就飞不远，试验眼看无法进行。这时，一位年轻科研人员与众不同的观点引起了钱学森的注意。这位年轻的科研人员名叫王永志。他说解决的办法是减少 600 千克燃料。在一片质疑声中，钱学森认为王永志的意见是正确的，决定按他的办法实施。结果，这枚修改设计后的中近程导弹在飞行 1000 多千米后，准确命中目标。20 多年后，这位名叫王永志的年轻人，成为中国载人航天工程的首任总设计师。

中国人自己设计、自己制造的“东风二号”导弹终告成功。7 月 9 日、7 月 11 日又进行了两次发射，均获成功。9 月至 10 月间，连续进行的 5 次发射全部告捷。

“东风二号”导弹的发射成功，是中国导弹事业发展的里程碑，它标志着 1956 年制订的十二年科学规划提前完成，同时也意味着“八年四弹”规划进入了实施阶段。

第四节

“两弹结合”惊艳世界

1945 年 8 月 6 日，日本广岛在一声巨响之后被夷为平地。世人第一次见识了原子弹的威力，从此“核武器”“核威胁”等词语无不令人闻之色变。

原子弹的成功研制，一定程度上代表了一个国家的实力和在国际事务上的话语权。1956 年，毛泽东在中央政治局扩大会议上说：“我们要有原子弹。在今天的世界上，我们要不受人欺负，就不能没有这个东西。”1958 年，毛泽东论断：“原子弹就是这么大的东西，没有那个东西，人家说你不算数，那么好吧，搞一点原子弹、氢弹，我看有十年工夫完全可能。”正是因为毛泽东的气魄，中国开始研制原子弹。

在苏联的援助下，中国于 1958 年建成了第一座实验性原子反应堆，然而苏联在 1959 年 6 月停止了对中国的技术和物资援助，苏联人当时说：“中国没有苏联援助，20 年也研究不出原子弹。”这句话让中国人憋了一口气，“不蒸馒头争口气”！中国人下决心要靠自己的智慧和力量把原子弹研制出来。因为苏方是在 1959 年 6 月撤走专家的，中国就把原子弹工程的代号取为“596”，以铭记这个日子，也是为了保密。从这一刻起，中国人走上了自己研制原子弹的道路。

经过千百次的试验，中国的第一颗原子弹于1964年秋研制出来了，但进行试验却要冒很大的风险。当年9月16、17日，周恩来主持第九次专门委员会会议，提出“发展技术暂不试验”和“不怕威胁尽早试验”两套方案。9月22日，毛泽东在听取《关于首次核试验时间的请示报告》后，一锤定音：“要尽早试验。”9月24日晚，张爱萍向周恩来、贺龙、罗瑞卿书面报告工作安排，并附上了《试验场区向北京报告的明密语对照表》。明密语对照表中规定：实弹，密语为“老邱”；原子弹装配，密语为“穿衣”；原子弹在装配间，密语为“住下房”；原子弹在铁塔上的密闭工作间，密语为“住上房”；原子弹插接雷管，密语为“梳辫子”；气象的密语为“血压”；原子弹起爆的时间，密语为“零时”……

1964年10月16日15时，寂静的新疆罗布泊地区上空突然迸射出一道耀眼的强光，紧接着就是一声巨响，一朵巨型的灰黄色蘑菇云冉冉升起。中国第一颗原子弹爆炸成功了！一声惊雷，让全世界重新认识了一个遥远东方古国的力量。

中国为这颗释放出巨大威力、震惊世界的原子弹，取了个温柔可爱的名字：“邱小姐”。因为原子弹外形似球，所以原本的代号叫“老邱（球）”，因为“老邱（原子弹）”上连接着几十个雷管，有很多电缆线，看上去像爱美的女郎头上的卷发，而那个装原子弹的容器则像是“梳妆台”，工作人员因此就管“老邱”叫“邱小姐”。这个名字不仅是一个代号，同时也寄托着研制小组对它的感情。

《人民日报》号外公布“我国第一颗原子弹爆炸成功”的消息，震惊了整个世界。但时任美国国防部部长麦克纳马拉却嘲笑道：中国在 5 年内不会有原子弹运载工具，因为没有足够射程的导弹。此时的美国和苏联都已经研制出射程在 1 万千米以上的洲际导弹。这就意味着，两个超级大国的核导弹可以打到世界上任何一个地方，而中国的原子弹却是悬挂在塔架上爆炸的。然而，中国尖端技术的发展速度令他们再度失望，就在中国第一颗原子弹爆炸一年后，“东风二号”中近程导弹就试验成功了。与此同时，原子弹也成功小型化，为后来的“两弹结合”试验奠定了基础。

早在原子弹爆炸之前的 1964 年 9 月 1 日，中央便已经专门对两弹结合的工作做了部署，决定由负责研制原子弹的中国第二机械工业部（简称“二机部”）和负责研制导弹的国防部五院共同组织论证。聂荣臻明确宣布钱学森担任两弹结合飞行爆炸试验技术总负责人。核导弹的论证小组加快了研制的步伐。

导弹、原子弹都是保密级别很高的尖端科技，开始的时候两个部门的科研人员互不往来。钱学森在导弹总装厂劳动、蹲点的一个下午，他到一部四室了解情况，研制人员把“两弹结合”中的困难向他反映。钱学森与搞原子弹核心技术的负责人钱三强都是中央的“宝贝”，两个人私交也很好。他找到钱三强，一同向有关部门汇报，花了很大的心思，开了多次协调会。经过钱学森的一番“活动”后，科研人员发现情况有了很大的改善。

很快，经中央批准，两家单位成立了联合工作组，在一定范围内打破保密界限，理顺管理，特批一部分联合工作组同志进入原子弹总装车间。就这样，导弹设计者终于不仅见到了实物，还了解了原子弹的总装过程。

1966年10月，周恩来主持召开“两弹结合”专门会议，他激动地说：“核爆炸成功后，有人嘲笑我们有弹无枪，无非是说我们光有原子弹，没有运载工具。我们要用导弹把原子弹

1966年，钱学森协助聂荣臻组织实施了中国首次导弹与原子弹“两弹结合”试验并取得成功

打出去，用行动来回答舆论的挑战！”要求两弹结合试验只许成功，不能失败，而且只能进行一次。10 月 24 日晚上，聂荣臻和周恩来、叶剑英来到钓鱼台国宾馆，向毛泽东做了详细汇报，当聂荣臻汇报到“两弹结合”试验准备工作已经就绪时，毛泽东高兴地笑了起来，说：“你是常胜将军了，这一次又准备得这么充分细致，我看没问题，祝你再次得胜回朝。”毛泽东批准了这次试验，同意聂荣臻到现场主持试验。10 月 26 日上午，“东风二号”导弹和核弹头从厂房转运至发射场地，当天下午要进行两弹对接和通电试验，这是一项极其危险的工作。原子弹吊装到竖立的导弹头里，只能容纳一个人窝在里面操作。担任这一任务的是技术人员田现坤，他一个人要将原子弹和导弹之间成百条电路线一根一根地接起来，螺帽拧紧，插上插头，检查线路通不通，一个都不能错。稍有差池，后果不堪设想。田现坤平时做了多次模拟试验，能用 40 分钟完成全部线路的对接，但这一次他仔细又仔细，用了 80 分钟。在这 80 分钟里，钱学森就站在导弹下面可以和田现坤对视的位置，一刻也不曾离开过。

1966 年 10 月 27 日上午 9 时，是“两弹结合”预定的发射时间，钱学森和聂荣臻早早来到发射现场，钱学森要对各个系统准备情况作最后的检查。临近发射时间，发射基地却突然接到远在新疆的核试验基地的报告：核导弹的预定弹着区 3000 米高空，出现了一股六七级西南向强风。这股风会不会使核导弹偏离弹着点呢？按时发射还是推迟发射？事关重大，聂荣臻立即接通北京的专线电话，向周恩来汇报情况，周恩来让聂荣臻在现场做决定。

离预定的发射时间只有几十分钟了。聂荣臻镇定地与在场的钱学森等专家紧急磋商，最后结论是影响不大，可以按计划发射。准备发射的指令从指挥中心传向四面八方，导弹与核弹头对接工作顺利完成。上午 9 时 0 分 10 秒，“东风二号”导弹携带当量 1.2 万吨的原子弹弹头拔地而起，伴随着巨大的轰鸣声，核导弹离开发射架冉冉升空，消失在人们的视野之外。

时间一秒一秒地过去，弹着区终于传来令人振奋的消息：核导弹9时9分14秒精确命中位于894千米以外的罗布泊目标，实现核爆炸。

导弹与原子弹结合成功了！

成功的喜讯以最快的速度传到中南海，毛泽东兴奋地说：“赫鲁晓夫不给我们这些尖端技术，很好，逼得我们自己干出来，我看要给赫鲁晓夫一个一吨重的奖章！”

这是世界上首次在本国领土上进行的“两弹结合”试验，标志着中国成为世界上第 5 个能用自己的导弹发射核武器的国家。

第七章

《东方红》响彻寰宇

经过航天人十多年艰苦卓绝的努力，中国第一颗人造卫星于 1970 年 4 月 24 日飞上太空，绕地飞行的同时播送优美动听的《东方红》乐曲。新中国从此跻身由美国、苏联、日本等少数科技发达国家组成的世界“航天俱乐部”行列。在此后的几十年里，中国的航天事业虽然也遭受过挫折，但以钱学森为代表的航天科学家并没有停下他们探索星空的步伐，他们不断前行，取得了一个又一个举世瞩目的成就。钱学森理所当然地受到了国家和人民的信任和敬重：人们用他的姓名命名新发现的行星，政府授予他各种荣誉勋章，人们不断讲述他的故事。2009 年 10 月 31 日，“中国航天之父”钱学森因病去世，但他所开创的航天事业后继有人，他的精神激励一代又一代的航天人，使中国从航天大国迈向航天强国，为造福人类做出更大的贡献！

第一节

卫星响起《东方红》乐曲

从2016年开始，每年的4月24日被确定为“国家航天日”。因为，1970年的这一天，中国第一个航天器“东方红一号”卫星进入太空，这是中国航天史上值得永远铭记的日子。

1957年10月4日，苏联在拜科努尔航天发射场把人类历史上的第一颗人造卫星送入太空。在美苏争霸的冷战时代，苏联的抢先一步无疑给了美国沉重一击。5个月后，美国人终于也将他们的人造卫星送上太空，两个超级大国的太空竞赛正式拉开序幕。

卫星成为当时全世界最热门的话题，中国的科学家们不可能无动于衷。以钱学森、赵九章、竺可桢为代表的科学家们，向中国科学院副院长张劲夫提出，中国也应该开展人造卫星的研制工作。张劲夫把科学家们的建议提交周恩来。

科学家们的想法与国家领导人不谋而合。

1958年5月16日深夜，中南海西花厅的一间办公室里灯还亮着。周恩来在反复踱步，他几次把手伸向办公桌上的一部红色电话机，却总在即将触及电话机时又缩回来。摆在电话机旁的是中国科学院副院长张劲夫提交的一份报告，内容是以钱学森、赵九章、竺可桢为代表的科学家们的建议。周恩来拿起报告，再次仔细审阅。终于，他放下报告，毅然拿起了直通毛泽东办公室的红色电话。在电话里，周恩来说：“主席，科学家向我们敲门了。”

1958年5月，毛泽东在八大二次会议上做了第二次讲话。他表态：“我们也要搞人造卫星。”听到这句话，全场顿时掌声雷动，一片沸腾。毛泽东的讲话，令主管全国国防科技工作的聂荣臻兴奋不已，他立即责成中国科学院和国防部五院的负责人张劲夫、钱学森、王诤等组织有关专家拟订人造卫星发展规划。

中国科学院把研制人造卫星列为1958年的第一项重点任务，成立了以钱学森为组长、赵九章和卫一清为副组长的领导小组，并筹建了由3个设计院组成的研制机构。就在工程启动后不久，为了向1958年的国庆献礼，中科院第一设计院开始赶制卫星和火箭的模型，准备在国庆期间向公众展出。刚刚组建的第一设计院既没有办公地点，也缺少必要的图纸和资料，于是他们只好租下北京西苑旅社的一栋楼房。缺少办公桌，技术人员们就趴在水泥地上设计图纸；凭借着一把老虎钳、两把锉刀、几张铝皮和几块三合板，便开始了中国卫星和火箭的最初设计研制。经过两个多月夜以继日的苦干和院内外31个单位的大力协作，卫星和火箭模型终于如期在中科院自然科学成果展览会上与公众见面了。

1958年10月25日，毛泽东参观了中国科学院“自然科学跃进成果展览会”。参观快要结束时，毛泽东在张劲夫、钱学森的引导下走进了新技术保密展室。那里展示的是第一设计院设计的运载火箭（T-3）第一级的结构总图、载有多种高空环境探测仪器及生物舱的两种探空火箭头部模型，以及中国空间技术发展的设想蓝图。展示的火箭模型做得比较原始，不会动。布展人员想了一个办法，在模型后面藏着一个人，用手拉着一根橡皮筋带动火箭“上升”。毛泽东对此饶有兴致，看得很仔细，他探头看了看模型的后面，火箭模型的“秘密”被他发现了，他哈哈大笑：“你们的火箭起飞原来是这样啊！”毛泽东侧过脸悄悄问钱学森：“不听他们的，你给我说实话，这个能不能上天？”钱学森明确地回答说：“这是个模型。”毛泽东笑了笑，鼓励道：“要独立自主，自力更生，敢于走前人没有走过的路。”

1959 年，在中国科学院的一次千人大会上，副院长张劲夫郑重地传达了中央的指示：“明后年卫星不放，因为与国力不相称。”根据这一指示，中国科学院对卫星发射的计划进行了调整，收缩机构，停止大型运载火箭和人造卫星的研制，把力量先转移到了导弹和探空火箭这两项技术上去。人们把这种变化形象地归纳为“大腿变小腿，卫星变探空”。探空火箭是一种特殊的运载工具，它可以携带科学仪器，在距离地球 100~300 千米的高度飞行，可以为运载火箭研制提供必要的高空环境参数。因此，运载火箭的研制方向转向 T-7M 无控制探空火箭。

1960 年 2 月 19 日，中国自己研制的第一枚液体推进剂火箭 T-7M 在上海发射成功。虽然这枚火箭的飞行高度只有 2 千米，但它的成功为中国的卫星上天开辟了道路。

探空火箭研究实现零的突破后不久，中国又依靠自己的力量完成了对苏联 P-2 导弹的仿制任务。聂荣臻亲自赶赴酒泉发射场为这枚导弹剪彩。1960 年 11 月 5 日，代号“1059”的导弹成功发射，不久，一枚“1059”导弹被送到军事博物馆展出，此后更名为“东风一号”导弹。在“东风一号”导弹的基础上，科研人员又自主研制出运程更远、速度更高、载重更重的“东风二号”导弹。与此同时，中国在卫星能源、卫星温度控制、卫星结构、卫星测试设备等方面都取得了单项预研成果。探空火箭、导弹和原子弹的研制成功，为中国研制发射人造卫星奠定了基础、提供了技术条件。发展人造卫星终于可以再次提到议事日程上。

1964 年底，第三届全国人民代表大会第一次会议在北京召开，赵九章作为科学家代表参加了会议。在周恩来总理作的政府工作报告中首次提出：“在不太长的历史时期内，把中国建设成为一个具有现代农业、现代工业、现代国防和现代科学技术的社会主义强国。”随后，钱学森向中央建议，尽早把人造卫星研制列入国家计划。

停滞数年的人造卫星研制工作终于迎来了转机。

1965 年，中国科学院组成一支最强阵容，要在 6 月 10 日前拿出第一颗人造卫星方案设想和卫星系列规划雏形。他们在原有基础上只用了 10 天便拿出了第一颗人造卫星的初步方案。

第一颗人造卫星究竟该如何来命名呢？与技术攻关比起来，命名本来是件小事，但是它却让研究人员犯了难。最后，卫星总体组的何正华提出，“我看就先叫它‘东方红一号’吧”，这个提议得到了大家的一致赞同，请示中央后也很快就得到了批准。

1965 年 7 月，中国科学院向中央呈报了《关于发展我国人造卫星工作规划方案的建议》。8 月，这份建议得到批准，中国第一颗人造卫星开始进入工程研制阶段。1965 年 10 月 20 日，在北京友谊宾馆里，一场中国航天科技史上著名的头脑风暴开始了，这便是受国防科委委托、由中科院主持召开的全国各有关单位参与、历时 42 天的会议，与会者全面论证了第一颗人造卫星的方案。这次会议时间之长、规模之大、内容之多，可以说是史无前例，不少专家后来都回忆说，这是他们一生当中参加过的时间最长的一次会议。经过 42 天的论证，会议初步确定了第一颗人造卫星的总体方案，包括卫星本体、发射方式、轨道选择、测轨方法、数据处理、地面台站、回收方式等。

就在这次会议接近尾声时，一些消息传来：11 月 26 日，法国成功发射一颗人造卫星；日本也在研制人造卫星。这些消息让与会的科学家们愈发感到时间紧迫。此时，中央决定 1970 年发射中国第一颗人造卫星。

不到 5 年，蓝图变成了现实。1970 年 4 月 25 日，新华社向全国发电讯：

“1970 年 4 月 24 日，我国成功地发射了第一颗人造卫星。卫星运行轨道，距地球最近 439 公里，最远点 2384 公里，轨

“东方红一号”人造卫星模型

道平面和地球赤道平面夹角 68.5 度。绕地球一周 114 分钟。卫星重 173 公斤。用 20.009 兆周的频率，播送《东方红》乐曲……”

中国许多在 1970 年 4 月 24 日出生的婴儿，被他们的父母取了一个相同的名字——卫星。

1967 年 7 月 29 日，毕业于苏联茹科夫斯基空军工程学院的孙家栋，正趴在图版上埋头于导弹设计，导弹总体设计室里突然进来一位军人，他直奔孙家栋，直截了当地说：“我是国防科委的汪永肃参谋，组织上派我来向你传达上级的指示，上级决定调你去负责中国第一颗人造卫星的总体设计工作。”这位年轻工程师的命运从此和卫星紧紧联系在了一起。孙家栋后来才知道，是钱学森推荐他负责人造卫星设计工作的。

为了保证卫星工程顺利进行，1968 年 2 月 20 日，国务院、中央军委正式批准由国防科委组建空间技术研究院，对科学院原来从事卫星工程的单位进行调整，划归为空间技术研究院，负责统筹卫星研制工作。任命钱学森兼任研究院首任院长，当年 39 岁的孙家栋担任卫星总体设计室主任。在两个多月的时间里，经过紧张的考察、挑选，孙家栋从不同的专业角度和技术特长出发，最后从火箭研制队伍中选定了 18 个人，作为卫星总体设计部的基本成员。对这 18 个人的名单钱学森点头赞同，又很快得到了聂荣臻的批准，当时人称 “航天十八勇士”。有了这“十八勇士”，卫星总体设计室如虎添翼。随着其他各项工作的展开，第一颗人造卫星的研制工作很快进入实施阶段。

孙家栋的第一项任务是从总体出发，对卫星的科研任务和功能进行简化，概括为“上得去、抓得住、看得见、听得到”。这一目标，说起来简单，实施起来却是困难重重。

卫星发射首先要考虑的，就是能否上得去。所谓“上得去”，就是必须将卫星发射入轨，这个任务落在了卫星的运载火箭“长征一号”身上。要想把卫星准确送入轨道，负责搭载卫星的运载火箭就必须拥有非常强大的推进能力。当时中国的火箭大都是单级火箭，还不具备这种运载能力，要保证卫星上得去就必须依靠多级火箭。

“长征一号”火箭，是将“东风四号”中远程导弹加装第三级固体火箭而成。在“东风四号”导弹的基础上，运载火箭用整流罩将卫星和第三级火箭包裹起来，当一、二级火箭接力飞行到达规定位置之后，第三级小火箭自动点火将卫星推到第一宇宙速度，实现入轨飞行。这种两结合的火箭，便是后来著名的“长征一号”运载火箭。“长征”后来也成为中国运载火箭家族的标志。1970 年 1 月 30 日，“点火”的号令发出，试验火箭呼啸而起。很快，从落区传来喜讯，火箭飞行成功。“上得去”的问题终于解决了。

有科研人员曾用“放风筝”来比喻“抓得住”，即利用无线电通信的方法，追踪天上卫星的位置，也就是卫星地面观测系统。要时刻掌握卫星在太空中的位置，最关键的一环，是要计算卫星与地面的距离。但当时，科研人员的计算工具却是手摇式计算机，一条轨道的数据通常要计算好几天。“东方红一号”卫星的远地点距离地面 2000 多千米，为了防止卫星上天后像断了线的风筝一样失去踪迹，在偌大的中国国土上，科研人员很快建起渭南、湘西、南宁、昆明、海南、胶东和喀什卫星测控站。科研人员第一次采用当时只有美苏两国掌握的“多普勒原理”，接收卫星的遥控数据，追踪卫星的飞行轨迹，也就是根据卫星无线电波频率的变化，确定卫星的方向与速度，从而掌握卫星与地面的距离。

在当时那个特殊年代，让《东方红》乐曲在中国第一颗卫星上顺利播放，以便全世界人民都“听得到”，已经上升到了政治高度。就当时的航天技术水平而言，这个任务是困难重重。

为了解决“听得到”的问题，研究小组首先想到的，就是找一台合适的收音机来接收。总体组用了整整 3 个月的时间，把能借到的各种类型的收音机都借了一个。逐一测试的结果是，要让普通收音机收到信号，卫星就要安装大功率发射机。这样一来，卫星总重量将超过 1 吨，这对于当时火箭的运载能力来说是不可能的。一位叫刘成熙的专家从建筑报时敲钟的方式中获得灵感，采用电子电路模拟铝板琴演奏《东方红》，音乐信号直接传输到中央人民广播电台，再从北京向全世界广播。这样，收听的问题就解决了，乐音装置也很快被制作出来。然而，乐音装置发出的乐曲居然发生了变调。受北京火车站报时敲钟声响的启发，设计人员跑遍了北京、上海各乐器研究所和乐器厂等单位。经过多种方案的比较，最终决定用电子线路模拟铝板琴，采用无触点电子开关。就这样，《东方红》乐曲变调的问题也得到了解决。

“上得去、抓得住、听得到”都解决了，四项技术要求解决了三项，还有最后一个“看得见”的难关。“东方红一号”卫星是一个直径 1 米的 72 面球形体，在天气、光线都理想的情况下，它的亮度也仅相当于七等星，而人的肉眼最多只能看到六等星。也就是说，在地球上人们用肉眼根本看不到“东方红一号”卫星。“看不见”让科研人员束手无策。为了解决这一难题，科研人员集体来到北京百货大楼，专心致志研究当时最流行的折叠伞。一个被称为“借箭显星”的方案开始实施——他们决定利用折叠伞的原理，给运载火箭的第三级加一个直径 4 米、可以撑开的“观测裙”，俗称“围裙”。这个“围裙”是具有良好光学反射特性的球状体，可大面积反射太阳光，从而达到二三等星的亮度。这样一来，人们用肉眼就能观察到人造卫星了。

1970年4月1日，载有“长征一号”火箭和两颗“东方红一号”卫星的专列从北京出发，在最高级别的警戒护卫下运抵酒泉发射场，钱学森随专列一同前往。

1970年4月14日，火箭和卫星如期完成发射场的各项测试，周恩来和中央专委领导要求再次听取发射场人员对火箭、卫星情况的汇报。当日午后，钱学森率领相关领导和专家乘坐军用专机由发射场来到北京。会议按照事先的议程由钱学森详细汇报了火箭和卫星进入发射场后的情况。

会议中，钱学森提到在火箭总体装配时，尽管大家做了反复的检查，但还是发现火箭舱内遗留有焊渣和钳子等多余物。周恩来听到此事，眉头紧锁，当即说：“这可不行！这等于外科医生开刀把刀子、钳子丢在了病人的肚子里嘛！你们的产品是允许搬来搬去，允许拆开、再组装，找一遍不行再找一遍，总可以搞干净嘛！把焊渣和钳子丢在火箭里，这是不能原谅的！”汇报中，技术人员把火箭和卫星的图纸摆在地毯上，周恩来手里拿着铅笔和一个蓝色的小笔记本离开沙发，半跪在地毯上，他一边看着图纸，一边听着汇报，一边在本上记着，还不时提一些问题，遇到专业技术术语听不明白的地方，就请钱学森来做通俗的“翻译”。4月15日凌晨1时许，周恩来办公室打来电话传达周恩来总理的指示：“从今天起一直到卫星上天，发射场的情况要逐日向周恩来办公室电话汇报。”

卫星能否准确入轨，中国能否第一时间捕捉卫星信号并向全世界预报，测控系统面临着巨大的考验。从北京到西北各省的通信线路只有十多条，遍布全国的卫星观测站的指挥通信和数据传输在当时主要依靠电线杆拉明线，有一根电线杆出问题，全部通信便会中断。为此，全国数十万民兵动员起来，确保每一根电线杆下都有人站岗，在整个发射过程中动用了全国 60% 的通信系统资源，确保测控系统通信安全。

1970 年 4 月 24 日下午 3 点 50 分，钱学森在卫星发射现场接到周恩来从北京打来的电话。周恩来在电话中说：“希望大家鼓足干劲，细致地工作。要一次成功，为祖国争光！”

21 时 35 分，高音喇叭里传出指挥员洪亮的“点火”口令，地下控制室发射控制台前的胡世祥按下火箭“点火”的按钮。一瞬间，载有“东方红一号”卫星的运载火箭喷射烈焰，伴随着轰鸣声腾空而起冲向苍穹。15 分钟后，喀什观测站捕获卫星数据。高音喇叭里接连传来测控系统的报告，“星箭分离”，“卫星入轨”。发射现场顿时一片沸腾，欢呼声、口号声响成一片。

90 分钟后，当卫星第二轮飞过喀什上空时，酒泉卫星发射中心的收音机里突然响起了《东方红》乐曲。人们激动地仰望着天空，仔细寻找着这颗中国星，举国沸腾。

“东方红一号”卫星的成功发射，标志着中国成为当时世界上第 5 个独立自主研制和发射人造卫星的国家，开辟了中国航天史的新纪元。

1970年5月2日,《人民日报》刊登了一张特殊的邀请名单:部分参与此次工程的科研人员在5月1日劳动节当晚被邀请登上天安门城楼观礼，毛泽东主席与他们一一握手，向他们致敬。整个国家,从国家领导人到普通民众,全都沉浸在“东方红一号”卫星发射成功的巨大喜悦之中。

这一年，钱学森59岁。

第二节

愈加闪耀的“钱学森星”

1980年10月14日夜，南京紫金山上繁星满天。在银灰色的圆顶观测室里，一架40厘米双筒望远镜透过敞开的天窗指向双鱼座，探寻着宇宙的奥秘。拍摄双鱼星座的那些底片冲洗出来时，天文学家们在繁星点点的底片上发现了移动的短条状星象，那是一颗新的小行星！

当时，这颗小行星离地球大约2.23亿千米，中国科学院紫金山天文台随即对它进行了多次跟踪观测，并计算出它在空间运动的轨道参数。观测和研究结果对外发表后，国际小行星中心随即授予其1980ta6的临时编号，并通报世界各国天文台进行观测证实。此后，在7个不同的年份里，这颗新小行星先后得到美国洛威尔天文台、哈佛天文台、格德令克天文台，苏联克里米亚天文台，德国海德堡天文台等天文台的17次观测证实，有关科学家进一步计算出它的精确轨道，当它完全符合新小行星获得永久编号所需具备的条件时，国际小行星中心于1988年2月授予其国际永久编号第3763号小行星，并确认紫金山天文台拥有发现、命名权。2001年12月21日，经国际小行星中心和国际小行星命名委员会批准，中科院紫金山天文

20 世纪 80 年代初，钱学森在国防科工委办公室留影

台将这颗编号 3763 的小行星命名为“钱学森星”，以表彰“两弹一星”功臣钱学森对中国科技事业所做出的贡献。

“钱学森星”和“东方红一号”人造卫星各自发光，在太空中遥相呼应。

1980 年，钱学森正式向上级提出申请，希望能准许他从导弹与航天事业的领导岗位上退下来。从 1956 年国防部五院成立之日算起，已历经整整四分之一个世纪。25 年中，钱学森为中国航天事业做出的贡献，彪炳新中国史册。但实际上，他的影响巨大而深远。

1983 年，美国提出了“星球大战计划”，苏联、日本等国纷纷打起算盘，明争暗斗的同时，科技获得长足进步。此时的中国，却只是“载人航天俱乐部”的旁观者。

1985 年，邓小平向全世界庄严宣布：中国裁军 100 万。

就是在这种国际、国内形势下，隶属空间技术研究院、从事宇宙医学科学研究并负责航天员的选拔培养和训练的“宇宙医学及工程研究所”——“中国人民解放军第 507 研究所”（简称“507 所”），面临着去留存废的命运抉择。

当时要求裁撤 507 所的呼声不小。时任全国政协副主席的钱学森在一次科委讨论会上，就听到有人主张裁掉 507 所和绵阳 29 基地（气动中心）。但还有一种意见认为，日后这两个单位会发挥重要作用，绝不能裁撤。两种意见针锋相对。为了保住这两个单位，一向温文尔雅的钱学森明确而又坚决地表态：507 所不能撤！ 29 基地也不能撤！

最终，507所保留了完整的建制，只是编制规模被压缩了。钱学森认为，载人航天终须发展，因此研究所人员可以减少，但机构不能撤，至于科研人员的工作安排，他亲自负责落实。

钱学森的意见很快就被证明是正确的。1990年5月，发展航天事业重新被提上议事日程，发射无人和载人飞船作为发展载人航天事业的第一步，很快便开始实施。当年12月，航空航天部成立了载人航天工程领导小组。与此同时，航空航天部的19名专家组成了载人航天联合论证组。1992年9月21日，中国政府批准实施载人航天工程，史称“921工程”。

第三节

哲学也是有层次的

1989 年，钱学森获得“威拉德·罗克韦尔技术杰出奖”，这一奖项也叫“小罗克韦尔奖”，每年至多授予 3 位在国际理工界有极高声誉的科学家，获奖者同时入选“世界级科技与工程名人录”。到目前为止，钱学森是唯一获此殊荣的中国学者。1989 年与钱学森一同获得这项荣誉的，还有美国人爱德华·泰勒和法国人罗伯特·克拉皮施。1989 年 6 月 29 日，在纽约的贾维茨会议中心举行隆重的颁奖仪式，代钱学森前往领奖的是当时中国驻美大使韩叙。

原航天工业部 710 所副所长于景元得知钱学森获奖一事，向他写信表示祝贺。信中提及：钱学森之所以能在科学技术上取得如此高的成就，除了天资外，另一个重要方面就是他的爱国主义精神和用毕生精力报效祖国的崇高品德。钱学森的回复是：“您遗漏了最最重要的一点：我近 30 年来一直在学习马克思主义哲学，并总是试着用马克思主义哲学指导我的工作。马克思主义哲学是智慧的泉源！而且一个马克思主义者是决不会不爱人民的，也不会不爱国的！”

从字里行间中我们可以看出，钱学森不仅是一位有杰出贡

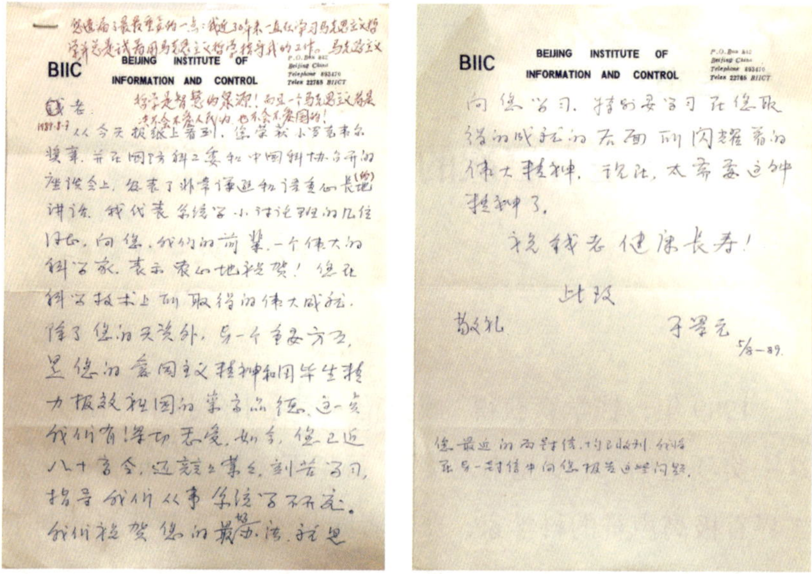

您遗漏了最重要的一点：我近30年来一直在学习马克思主义哲学并总是试着用马克思主义哲学指导我的工作。马克思主义哲学是智慧的泉源！而且一个马克思主义者是不会不爱人民的，也不会不爱国的！

BIIC BEIJING INSTITUTE OF INFORMATION AND CONTROL
P.O.Box 842 Beijing China Telephone 893470 Telex 22785 BIICT

钱老：

1989-8-7

从今天报纸上看到，您荣获小罗克韦尔奖章，并在国防科工委和中国科协合开的座谈会上，发表了非常谦逊和语重心长的讲话。我代表系统学小讨论班的几位同志，向您，我们的前辈，一个伟大的科学家，表示衷心地祝贺！您在科学技术上所取得的伟大成就，除了您的天资外，另一个重要方面，是您的爱国主义精神和用毕生精力报效祖国的崇高品德。这一点我们有深切感受。如今，您已近八十高令，还兢兢业业，刻苦学习，指导我们从事系统学研究。我们祝贺您的最好办法，就是

BIIC BEIJING INSTITUTE OF INFORMATION AND CONTROL
P.O.Box 842 Beijing China Telephone 893470 Telex 22785 BIICT

向您学习，特别要学习在您取得的成就的方面所闪耀着的伟大精神。我认为，太需要这种精神了。

祝钱老健康长寿！

此致

敬礼

于景元

5/8-89.

您最近的两封信，均已收到。我将在另一封信中向您报告这些问题。

1989年8月5日，原航天工业部710所副所长于景元致钱学森的贺信

献的科学家，而且是一位颇有创见的马克思主义哲学家。他的哲学思想的形成、发展过程与其科学技术研究紧密联系在一起，是从工程技术到技术科学，又到社会科学。他的哲学思想具有鲜明的科学性与实践性。

在回忆自己如何转向马克思主义哲学研究时，钱学森曾说："从高中（是理科部）到十一届三中全会，大约半个世纪，我在理工方面学习和工作。主要是自然科学与工程技术的结合，不是纯科学工作者，也不是工程师，是从科学理论到工程实际。是'冷'与'热'的结合，也由此悟到马克思列宁主义的伟大真理。"

他还说："'文化大革命'使我觉悟。感到只是理与工是不够的，不懂得社会科学不行，所以开始下功夫学社会科学，也涉及哲学。"1978 年以后，他多次应邀到中共中央党校讲授"社会主义现代化建设的科学和系统工程"专题课，把注意力更多地转向马克思主义哲学。经过艰苦探索，他提出许多具有时代特征、科学价值和实践意义的哲学思想，对于丰富和发展马克思主义哲学做出了独特的贡献。

钱学森认为，马克思主义哲学是人类一切知识的最高概括。辩证唯物主义是马克思主义哲学的核心，历史唯物主义、自然辩证法、认识论与辩证唯物主义不是并列关系，属于它的下一个层级。辩证唯物主义反映了自然界、人类社会和思维发展的普遍规律，反映了科学的共同的规律。一切科学理论都应坚持以马克思主义哲学为指导。同时，他认为，马克思主义哲学也是人类一切实践经验的最高概括。马克思主义哲学只有深入实际、反复实践才能发展。他曾说"总结近一百年来的历史教训，我们认为马克思主义哲学是有其崇高的位置的，但是，哲学作为科学技术的最高概括，它是扎根于科学技术中的，是以人的社会实践为基础的；哲学不能反对也不能否定科学技术的发展，只能因科学技术的发展而发展，不然岂不僵化了吗？哲学家们要看到今天自然科学、科学的社会科学正处于重大突破的前夕，正酝酿着一系列技术革命，所以要力求主动，不断吸取新科学、新技术的成就作为发展马克思主义哲学的素材。"

钱学森赋予"科学""技术"以明确的含义。他说："客观世界是不以人的意志为转移而存在的，人首先要认识客观世界，才能进而改造客观世界。从这一基本观点出发，认识客观世界的学问就是科学（包括自然科学、社会科学等等），改造客观世界的学问就是技术。”

20 世纪 70 年代后期，在马克思、恩格斯特别是毛泽东哲学思想及其科学技术观的影响下，他运用辩证唯物论和系统科学的观点、方法，观察与研究世界科技发展的成果与趋势，他创造性地提出“哲学也是有层次的”，并逐步形成了马克思主义哲学与现代科学技术体系的整体构想。

这个整体构想是一个开放的矩阵式纵横交错的系统。整个体系从纵向分为三个层次：最高层次是马克思主义哲学，也就是辩证唯物主义，最下面的层次是现代科学技术十大部门，其间通过十架“桥梁”把马克思主义哲学与十大科学技术部门联系在一起；从横向来看，这十大科学技术部门是自然科学、社会科学、数学科学、系统科学、思维科学、人体科学、地理科学、军事科学、行为科学、建筑科学等。其中，每一个科学技术部门又根据是直接改造客观世界还是间接地联系改造世界的原则，划分为基础科学、技术科学、工程技术三个层次（文艺理论的层次略有不同）。与十大科学技术部门相对应，与马克思主义哲学相连接的“桥梁”是：自然辩证法、唯物史观、数学哲学、系统论、认识论、人天观、地理哲学、军事哲学、人学、建筑哲学等。这十架“桥梁”分别概括了十大科学技术部门中带有普遍性、原则性、规律性的东西，即各门科学技术的哲学，因此，应把它们作为马克思主义哲学的内容和基石。各门科学的理论与实践都要以马克思主义哲学为指导，马克思主义哲学又要以所有科学理论的最新成果来丰富和发展自己。

凡尚不能纳入这个体系、不符合马克思主义哲学的，或者说还不能称其为科学的东西，如实际感受、直观、灵感、潜意识等，都暂列在系统的外围；通过人们反复分析、鉴别、提炼，逐渐将其中一切有价值的东西汲取进来，深化、发展整个科学技术体系。因而作为人类认识世界和改造世界的整个知识系统，现代科学技术体系和哲学是一个开放的动态系统，随着科学的发展、社会的进步、认识的深化、智能的提高，它将不断丰富、

人类知识体系结构

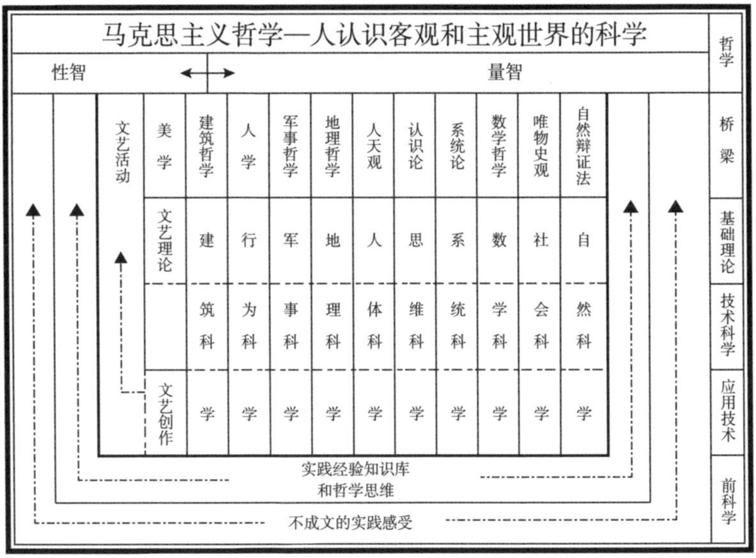

完善、日益趋近绝对真理。

现代科学技术体系包括了人类现在已认识到的客观世界规律的全部精华，它是智慧的源泉。而这个科学技术体系的最高概括——马克思主义哲学就是人类智慧的结晶。因此，要有智慧就必须懂得并学会运用马克思主义哲学去观察分析客观世界的事物。这样我们就重新肯定了哲学的涵义——智慧的学问。

第四节

洞见新世界的思想家

钱学森的孙子在一个周末来看望钱学森，见了爷爷他兴奋地说：“最近我们单位上开展保持共产党员先进性教育活动，我们机关将爷爷您的事迹作为教育材料。从小我听爸爸讲了您的很多事，很受教育。爷爷，您真伟大！”钱学森以往对于这些好听的话不以为然，这次却抓住了这个话题说：“你说的都是我做航天的事。你要知道，我 50 年前做航天，都是将科学上的一些成熟理论加以应用，搞火箭、导弹。这没什么，不是真正意义上的创新，国家需要我做我就做。我不认为你说我伟大的地方就是伟大的。如果我 50 年前那些事儿也叫伟大，你的要求太低了。你记住：21 世纪的爷爷将更伟大！”

在绝大多数人的心目中，钱学森是著名科学家、是中国航天事业的奠基人与领军人，但钱学森本人所关注的早已不限于工程技术的线性规律分析和自然科学的简单还原论逻辑，他对哲学特别是马克思主义哲学始终充满兴趣，并进行着不懈的探索。1953 年，钱学森首先在加州理工学院开设了“工程控制论”这门新课，并于 1954 年出版了英文版《工程控制论》(*Engineering Cybernetics*)。钱学森的工程控制论不仅为这门学科奠定了的理论基础，而且立即被世界科技界所关注，《工程控制论》很快被翻译成德、俄、中等多种文字。进入 20 世纪 80 年代，钱学森的思想更加活跃，驰骋在自然科学、社会科学和思维科学等多个领域，同时他以马克思主义哲学指导自己的研究工作，在自然科学与社会科学的结合上做出了许多开创性的贡献。

钱学森不仅将中国航天系统的实践提炼、升华为航天系统工程理论，还致力于将这些概念与方法推广应用到整个国民经济建设中，并从社会形态和开发复杂巨系统的高度论述了社会系统。1978 年钱学森在《文汇报》上发表《组织管理的技术——系统工程》一文，这是“文革”后钱学森发表的第一篇署名文章，文中历数了教育系统工程、法治系统工程等 14 个具体领域的系统工程，指出“系统工程所带动的科学发展是一条很广泛的战线”。1991 年 10 月，他荣获“国家杰出贡献科学家”称号，上台领奖时，他提及的仍是这件大事：“我们完全可以建立起一个科学体系，而且运用这个科学体系去解决我们社会主义建设中的问题……我在今后的余生中就想促进这件事情。”

“三个层次一座桥梁”的系统科学结构图，在钱学森脑海中十分明晰——三个层次，即直接用来改造世界的应用技术——系统工程；为应用技术提供理论方法的技术科学，如运筹学、控制论等；揭示客观世界规律的基础理论，即系统学。而马克思主义哲学是系统科学的最高指导，系统科学以系统论为桥梁，通向辩证唯物主义。与此结构配套的方法论，被概括为“从定性到定量的综合集成方法”，实施主体为总体设计部。

他认为，社会主义建设要以经济建设为中心，同时必须使各个方面协调发展。为此，应设置国家层级的总体设计部，对方方面面的工作进行总体分析、总体论证、总体设计、总体规划、总体协调……最终提出现实可行的方针政策和发展战略。

终身信守马克思主义的钱学森，揭示出系统思想的辩证本质，完成了以马克思主义世界观方法论为指导的系统科学体系构建，“把马克思主义的认识论与现代系统工程的方法结合起来了”。

钱学森对系统学的研究并没有停留在这一水平上，1990年，《自然杂志》发表了他同于景元、戴汝为共同完成的研究成果《一个科学新领域——开放的复杂巨系统及其方法论》，并提出了从定性到定量的综合集成法的应用形式，即用计算机信息系统构成的综合集成研讨厅。他将这种综合集成工程提炼为大成智慧工程，并进而上升为大成智慧学。

还原论和整体论相结合的系统论思想贯穿于钱学森研究的始终，把系统理论和系统技术应用到改造客观世界实践中，这就是综合集成工程。它的发展和应用，必将为中国现代化建设事业提供坚实的科学支持。工程不是单纯的技术问题，有哲学思想在其中。如果只知道工程技术就是匠人，要成为工程科学家必须懂工程哲学。

从早年的《工程控制论》的出版，到1978年《组织管理的技术——系统工程》一文的发表，再到开放的复杂巨系统理论的提出，钱学森建立了系统科学的完备体系，从一位卓越的工程科学家、国防科技领军人物，成为中国系统科学的开拓者和奠基人，这标志着他从科学家到思想家的跨越。

中央档案馆至今保存着钱学森 1958 年 9 月 24 日提交的入党申请书。其中提及“我当时是信服科学的社会主义的，对国民党的那一套不信了，觉得要中国能得救，要世界能够大同，只有靠共产党”。钱学森从行政岗位退下来后，晚年进行了多年的思想研究，并提出了关于产业革命的设想。他对晚年的这些成就非常自豪，常常说自己“退下来的十几年能从事科学理论研究并有一点儿成绩，这十几年没白过”。

钱学森沿着“社会关系归结于生产关系，生产关系归结于生产力”的思路，总结了人类历史上已经发生和即将发生的“产业革命”，提出了人类社会发展必然经历的“四种革命”的重要论断，即人认识客观世界的飞跃引发的科学革命，人改造客观世界的飞跃引发的技术革命，这两种革命使生产力得到发展和解放，进而引发产业革命，产业革命带来生产关系和一部分上层建筑的变化，从而导致社会革命。四种革命交替相生，循环往复，从而推动人类社会向前发展。科学革命发生的最直接原因就是经济社会发展遇到了瓶颈，这将迫使人类产生新的思想文化革命（如欧洲的文艺复兴），进而催生新的科学革命、技术革命、产业革命，直至社会革命。

钱学森也总结了已经完成的四次产业革命：第一次产业革命指农业、牧业的出现，大约发生在一万年以前的石器时代，火的发现与使用让人类从狩猎、采集野果为生，发展到开始从事农业、畜牧业、渔业等，社会制度从原始社会向奴隶社会转变；第二次产业革命指商品生产的出现，大约发生在公元前1000年至200年的青铜器时代，这次变革以铁的发现与使用为标志，农、林、畜牧、手工、采矿、冶金业得到发展，产品有了剩余，出现了商品和商品交换，社会制度从奴隶社会向封建社会转变；第三次产业革命以大工厂的出现为标志，发生在18世纪下半叶至19世纪初，以机器为基础的近代工业兴起，社会制度从封建社会向资本主义社会转变；第四次产业革命指更大规模的、全国性的甚至跨国的、世界性的生产体系的建立，发生在19世纪末到20世纪初，以物理学为基础，资本主义从自由竞争向垄断资本主义发展。

第五次产业革命正在发生。第五次产业革命发生于二战之后，是以相对论、量子力学等为基础，以计算机、网络、通信为核心的信息技术革命。科技业、咨询业、信息业迅速发展，全球一体化的生产体系出现，体力、脑力劳动差别逐渐缩小，社会开始形成各种包括不同政体国家、不同经济发展状况、不同意识形态、打破地区界限的联合体。第五次产业革命兴起于资本主义社会，兴盛于社会主义社会。

第六次、第七次产业革命即将到来。第六次产业革命是以生物科学和大农业革命为基础，主要发生在比较贫困的田野、山林、草原、海疆和沙漠，旨在消灭“农业与工业、城市与乡村、脑力劳动和体力劳动的差别”。第六次产业革命将优先兴起于社会主义社会，进而影响资本主义社会。第七次产业革命以人体科学和医学革命为基础，引发人类智能的极大提高。多年前，钱学森在给医学专家吴阶平的信中曾预言，到21世纪50年代，在中国将开展一场由医学大改革所导致的人民体质建设的革命，从而引起一场生产力的变革——社会主义中国的第七次产业革命，就是以人体科学（包括医学、生命科学等）为基础，促进人的体质、功能、智能大大提高，从而引发新的产业革命，叩响共产主义大门，开创世界大同新纪元，过渡到共产主义社会。

人类社会如何自原始社会始，逐步发展，最终走向共产主义社会，社会形态趋于一体化并实现大同世界的理想状态？钱学森提出了"世界社会形态"模式。他说："自从19世纪末期国家垄断资本主义的出现和第四次产业革命，使帝国主义横行全世界，搞殖民主义，但这是一方面。另一方面，世界经济走向一体化，也唤醒了殖民地的人民群众；同时又在比较不发达的地区实现了社会主义国家。因而从19世纪末期到20世纪中叶是世界经济一体化的过渡时期。经济是社会的基础，所以这个时期又是世界社会的形成时期。"

社会发展，"从分到合，合中又有矛盾斗争。人类历史已出现过多次，从部落到邦国，又从邦国诸侯到统一的国家"。今天我们正面临第五次产业革命，世界经济更紧密地连为一体。"世界已逐渐形成一个大社会，哪个国家也不能闭关自守，闭关自守只会落后。世界一体，经济文化交往频繁。这只是事物的一个方面；另一方面，国家政体不同：有资本主义，有国家垄断资本主义，还有在资本主义制度以前的国家，但又有社会主义的中国。国家又分发达国家与发展中国家，即‘南’与‘北’之分。是世界一体，又多极分割，矛盾斗争激烈。这是过渡到人类大同理想社会的必经阶段。”与这个阶段相适应的世界社会形态，出现在资本主义社会形成之后、共产主义社会实现之前，是一种过渡性的社会形态。它将逐渐打破地区、国家的界限，日益促进全世界政治、经济一体化，为实现共产主义社会，走向世界大同，奠定物质、精神、文化的坚实基础，最终实现“世界大同”。

北京时间 2009 年 10 月 31 日上午 8 时 6 分，钱学森在北京去世，享年 98 岁。一位杰出科学家的肉体生命虽然结束了，但是他所开创的事业随着时空的推移焕发出强大的生命力。

时事演进，钱学森所提出的理论将被不断印证。党的十八大以来，习近平总书记就坚持系统观念作出一系列重要论述和指示要求。在党的十九大报告中，“着力增强改革系统性、整体性、协同性”被列为全面深化改革取得重大突破的一项重要经验；“更加注重改革的系统性、整体性、协同性”在 2017 年 10 月写入党章。

在马克思主义中国化创新理论的指导下，中国正在从富起来走向强起来，正稳步夺取中华民族新的胜利。这既是钱学森的心愿，也是必然到来的明天。

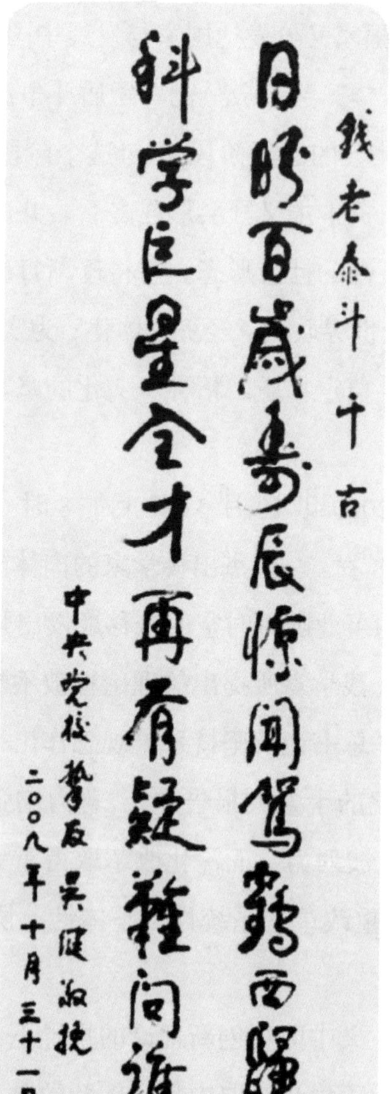

钱学森去世后，中共中央党校教授吴健敬献的挽联：“日盼百岁寿辰，惊闻驾鹤西归。科学巨星全才，再有疑难问谁？”

后记

《微笑拥抱新的世界：钱学森与一个时代的故事》一书回顾了钱学森人生的数次巅峰，勾勒出钱学森用人生历程为我们架起一座通往大成智慧的桥梁，用一生所得为我们构建起一座通往大同世界的桥梁。

谨以此书向中国共产党成立100周年献礼，并纪念优秀的共产党员、系统工程中国学派创始人、伟大的人民科学家钱学森诞辰110周年。

本书由中国航天系统科学与工程研究院院长薛惠锋总体策划并亲自指导，钱学森决策顾问委员会主任委员、上海交通大学钱学森图书馆馆长钱永刚教授作序并提供了许多宝贵资料与指导意见。中国航天系统科学与工程研究院组织了百人团队承担本书具体撰写与校核工作，包括：安少波、蔡婷、陈湘陇、陈宇轩、董恒敏、丁醒醒、房绍凤、高星明、郭珍珍、韩磊、霍晓虹、韩玉婧、华真、贾鑫、姬雪儿、康博程、李成娟、刘方润亚、李虹、李洪春、刘健、刘琳琳、李乐维、刘鹏飞、李清兰、陆诗清、李文卿、黎雨楠、李雅琼、卢志昂、刘壮、马申勋、毛寅轩、钱钱、茹阿昌、沈思远、唐甜甜、汪诗婷、王彩文、王凤娇、王克克、王丽洋、王萌、王婷婷、王文君、王鑫、王馨慧、魏星、魏延、徐春云、徐广玉、谢书凯、于成龙、姚文、燕志琴、尹燕飞、杨怡欣、宗恒山、张金辉、赵晶晶、张凯、郑磊鑫、张琪、张文涛、左轩、张媛、张研、赵滟、赵颖、张璋、赵志华。在此，谨向所有参与和支持本书写作、修订和出版的单位和个人致以最诚挚的谢意！特别感谢五洲传播出版社和科学出版社为出版此书所付出的辛勤努力。

本书如有错误及不妥之处，敬请广大读者批评指正。

编　者

二〇二一年五月